Teologia Feminista:
Insurgência e subjetividades

Neiva Furlin

Teologia Feminista:
Insurgência e subjetividades

Edições Loyola

Dados Internacionais de Catalogação na Publicação (CIP)
(Câmara Brasileira do Livro, SP, Brasil)

Furlin, Neiva
  Teologia feminista : insurgência e subjetividades / Neiva Furlin. --
São Paulo, SP : Edições Loyola, 2023. -- (Cristianismo e modernidade)
  Bibliografia.
  ISBN 978-65-5504-225-2
  1. Feminismo - Aspecto religioso 2. Feminismo - Aspectos sociais 3. Teologia feminista 4. Teologia social I. Título II. Série.

22-133757   CDD-261.8344

Índices para catálogo sistemático:
1. Teologia feminista : Cristianismo   261.8344
Eliete Marques da Silva - Bibliotecária - CRB-8/9380

Preparação: Ellen Barros
Capa: Viviane Bueno Jeronimo
Pietro Magni (1817-1877). Detalhe da escultura *The Reading Girl*
(La Leggitrice), model 1856, carved 1861. Mármore (51,5 cm x 122,0 cm),
Patrons' Permanent Fund, Courtesy: National Gallery of Art, Washington, DC.
<https://www.nga.gov/collection/art-object-page.127589.html>.
Diagramação: Telma Custódio
Revisão: Rita Lopes

Edições Loyola Jesuítas
Rua 1822 n° 341 – Ipiranga
04216-000 São Paulo, SP
T 55 11 3385 8500/8501, 2063 4275
editorial@loyola.com.br
vendas@loyola.com.br
www.loyola.com.br

Todos os direitos reservados. Nenhuma parte desta obra pode ser reproduzida ou transmitida por qualquer forma e/ou quaisquer meios (eletrônico ou mecânico, incluindo fotocópia e gravação) ou arquivada em qualquer sistema ou banco de dados sem permissão escrita da Editora.

ISBN 978-65-5504-225-2

© EDIÇÕES LOYOLA, São Paulo, Brasil, 2023

SUMÁRIO

PREFÁCIO
TRANSGREDINDO FRONTEIRAS, CRIANDO NOVOS DISCURSOS... 8

INTRODUÇÃO 13

CAPÍTULO UM
O SABER TEOLÓGICO: SUJEITOS DO CONHECIMENTO
E A CRÍTICA FEMINISTA.. 22
    1.1. A crítica feminista como ferramenta de desconstrução
    e de produção de novos sentidos... 26

CAPÍTULO DOIS
REPRESENTAÇÕES DE GÊNERO NO DISCURSO CATÓLICO
TRADICIONAL: UM OLHAR A PARTIR DA LITERATURA DE
TEÓLOGAS FEMINISTAS.. 36
    2.1. Vozes dissidentes ou subjetividades que escapam................ 53
    2.2. A permanência da força simbólica na produção das
    subjetividades femininas.. 56

CAPÍTULO TRÊS
A TEOLOGIA FEMINISTA COMO TECNOLOGIA
DE DESCONSTRUÇÃO DO FEMININO SUBALTERNO 66

CAPÍTULO QUATRO
O CHÃO TEMPORAL E SOCIAL DA EMERGÊNCIA DA TEOLOGIA
FEMINISTA 76
    4.1. A Teologia Feminista na América Latina
    e na América do Norte: aproximações e distanciamentos 83

CAPÍTULO CINCO
PERSPECTIVAS TEÓRICO-METODOLÓGICAS DA TEOLOGIA
FEMINISTA 94
    5.1. Noções de diferença e de experiência na Teologia Feminista... 101
    5.2. A categoria de gênero na Teologia Feminista 110
    5.3. Temas e finalidades da Teologia Feminista 114
    5.4. Limites e desafios para as teólogas feministas 116

CAPÍTULO SEIS
A PRODUÇÃO DA TEOLOGIA FEMINISTA NO BRASIL:
SUJEITOS E TRAJETÓRIA 120
    6.1. Caminhos e "lugares" da Teologia Feminista no Brasil 122

CAPÍTULO SETE
TEOLOGIA FEMINISTA: UMA VOZ QUE EMERGE DESDE
AS "MARGENS" 136

CAPÍTULO OITO
VOZES QUE "DESTOAM": PODER E TENSÕES DIANTE DA
INSURGÊNCIA DE SABERES SUBALTERNOS 148
    8.1. Novas teologias como lugar de ressignificação
    de discursos e de reinvenção de si 157

CONSIDERAÇÕES FINAIS 165

REFERÊNCIAS 171

PREFÁCIO

TRANSGREDINDO FRONTEIRAS, CRIANDO NOVOS DISCURSOS

Introduzo este prefácio com a recusa espantada de um bispo, trazida pela autora, quando, no século XVII, na Itália, uma mulher se propôs a estudar Teologia: "Uma mulher doutora e professora de Teologia? Nunca!" No mesmo século, em nosso continente, uma mexicana, Sóror Juana Inés de la Cruz, é condenada por seu desejo de aceder ao conhecimento. Desde então, as mulheres não cessaram de transgredir e criar, mas a invocação desses dois exemplos dá bem a medida dos séculos de impedimento a que mulheres elaborassem elementos e princípios de uma fé da qual são elas as maiores guardiãs e seguidoras.

Quando Neiva me convidou a escrever o prefácio de seu livro, voltei a alguns dos textos que, mesmo sem ser teóloga, escrevi sobre Teologia Feminista. E me dei conta de que um dos traços que emergem fortemente dela é que é pensada e escrita a partir da vida concreta, real, das mulheres. Mas isso não significa ausência de uma elaboração teórica sólida, consistente, que oferece aos tratados teológicos antigos e contemporâneos, escritos por homens, bases para uma reescrita da Teologia. Percebi também a pertinência e força do título proposto por Neiva para este livro, em que a Teologia Feminista é significada como um conhecimento "insurgente". Busquei no Google o significado de "insurgência". Há mais de 30. Todos indicativos de algo que contrasta, confronta, provoca. Assim é a Teologia escrita por mulheres. Diversa, localizada, política, deve ser referida no plural, porém com um traço comum: desafia construções teológicas tradicionais e produz um novo discurso. Para a autora, essa insurgência não se constitui contra os discursos teológicos tradicionais, mas contra os efeitos que produziram, ao longo da história: "o feminino como inferior e desqualificado para os espaços de liderança eclesial e para atividades intelectuais".

Porém, este não é um livro "de" Teologia, e sim sobre Teologia, escrito a partir do horizonte das Ciências Sociais, orientado por proposições analíticas sustentadas pela categoria de gênero. A autora, doutora em Sociologia, debruça-se sobre o quefazer teológico de mulheres, desvendando conflitos e tensões desse campo do saber. Resultado de uma tese de doutorado, seu objeto é a docência feminina em instituições católicas. Depois de um recorrido histórico em que sobressai o androcentrismo da Teologia elaborada por teólogos, homens e em sua maioria clérigos, a autora se pergunta pelas representações de gênero nesses discursos, para abordar depois as ressignificações operadas pelas teólogas que embasam seu pensamento e sua elaboração na Teologia Feminista. As narrativas dessas teólogas, recolhidas em entrevistas, revelam um jogo entre proposições devedoras do chamado Feminismo da Diferença e aquelas do Feminismo da Igualdade. Propõem a afirmação do feminino em um horizonte de positividade, *i.e.*, sem que signifique uma volta à submissão, à lógica que exclui e restringe as mulheres ao campo da vida privada, doméstica. E, ainda, o reconhecimento de que feminino e masculino integram o humano, e referem-se, portanto, a mulheres como a homens. Masculino e feminino não se definem pela biologia, mas remetem ao modo de se realizar o humano próprio de todas e de todos. Professoras de Teologia, elas resistem em um meio que lhes é adverso – a docência teológica em instituições confessionais católicas –, adequando-se criticamente, inovando sempre que possível, criando brechas, rachaduras, como diz a autora, e confrontando também. Ressignificam conceitos e figuras como Eva e Maria, trabalhadas no discurso androcêntrico como expressões de uma rebeldia culpável e de uma submissão louvável. Os trechos de entrevistas colocados no livro revelam a tensão permanente e a luta constante por um lugar que historicamente lhes foi negado e pela subversão simbólica e real do campo religioso, considerado por elas, espaço possível de emancipação.

Organizado em oito capítulos, a obra nos conduz pelos caminhos históricos da elaboração teológica tradicional até chegar às vozes dissonantes das teólogas feministas e seu poder de produção de "novas subjetividades femininas". O primeiro capítulo introduz leitoras e leitores nos discursos reveladores do poder androcêntrico que consolida o controle das mulheres. O segundo capítulo apresenta as representações de gênero que produzem subjetividades femininas pejorativas, subjugadas. Após esse recorrido negativo, a obra nos leva, a partir do terceiro capítulo, à Teologia Feminista e a seus processos – "tecnologias", segundo a autora – de desconstrução dos significados hegemônicos de inferiorização das mulheres. Se o capítulo seguinte constrói o chão temporal do qual brota essa Teologia escrita por mulheres, o quinto capítulo traça as perspectivas teórico-metodológicas que guiam a construção desse discurso, para chegar, no sexto capítulo, ao campo concreto da elaboração teológica feminista no Brasil. Nos dois últimos capítulos, escutamos as vozes dissidentes das docentes. Suas narrativas nos fazem voltar ao início da obra, por revelarem a força do machismo eclesial católico, a discriminação sofrida pelo fato de serem mulheres, ou de não serem homens, e sua luta para romper esse círculo.

Escrito em linguagem fluente, o texto revela o domínio da autora sobre o conceitual teórico que sabe manejar com maestria, levando-nos pelos caminhos da filosofia foucaultiana e dos emaranhados das teorias feministas. O tratamento teórico e metodológico dado por Neiva ao seu objeto abre uma rica discussão que vai muito além da docência teológica para inspirar o questionamento sobre o caráter androcêntrico que ainda prevalece na construção da ciência. E, por isso, o interesse da leitura extrapola o âmbito específico da Teologia. É uma obra para ser lida por quantas e quantos reconhecem na sociedade o predomínio dos homens em detrimento da contribuição das mulheres em todos os âmbitos: ciências, artes, política e religiões, claro! E desejam e se empenham por mudar essa realidade. Lembrando o velho sábio: Não basta compreender o mundo; é preciso transformá-lo.

Maria José Rosado Nunes
Doutora em Sociologia e professora no Programa de Pós-Graduação em Ciências da Religião da Pontifícia Universidade Católica de São Paulo (PUC-SP)

INTRODUÇÃO

Esta obra é um recorte de um estudo de doutorado em sociologia sobre a participação das mulheres na docência em teologia, no contexto das instituições católicas. Trata-se de um lugar do qual elas estiveram ausentes por um longo período da história. Essa ausência foi historicamente legitimada por discursos científicos e teológicos produzidos em estruturas patriarcais. É importante salientar que quando utilizamos o termo discurso estamos nos referindo à noção foucaultiana de discurso[1]. Isto é, não estamos falando de um conjunto de palavras ou da soma de frases concatenadas que

---

[1] Obra *A ordem do discurso* (1999c).

produzem um significado em si mesmas, mas de um sistema que estrutura os imaginários sociais e que funciona como um dispositivo de poder e de controle.

O conhecimento como discurso científico, produzido sob a vigência de estruturas patriarcais e do ponto de vista do sujeito masculino, ao longo dos séculos, definiu o feminino como o "outro" do sujeito masculino, colocando a mulher como um ser de segunda classe, confinada a um papel de submissão, em que se hierarquizaram relações e funções sociais, como bem evidenciou a filósofa francesa Simone de Beauvoir, em sua obra *O segundo sexo*, publicada em 1949.

Na segunda metade do século passado, instaurou-se um processo de transformações socioculturais, em grande medida, protagonizada também pelos movimentos feministas. As mulheres começaram a entrar nos espaços universitários em maior número e, aos poucos, constituíram-se sujeitos da produção do conhecimento, o que foi importante para questionar as narrativas dominantes em relação à objetividade e à neutralidade do conhecimento. A crítica feminista foi fundamental para evidenciar a parcialidade do conhecimento e o silenciamento histórico de alguns sujeitos que foram desautorizados no sentido epistêmico, ao passo que outros foram sendo fortalecidos.

Neste sentido, a partir dos anos de 1960, do século XX, o feminismo começou a desnaturalizar a construção da "mulher" como o "outro", inferior e despossuído de racionalidade. Direcionou a sua crítica aos mitos, às imagens e às representações sobre a mulher como resultado de uma construção da imaginação masculina, questionando a suposta neutralidade e objetividade do sujeito nos processos de produção do saber. Essa mesma criticidade se observou no campo da produção do saber teológico, que foi sendo levantada por teólogas que se autodenominavam feministas. Elas argumentaram que as imagens e as representações sobre as mulheres, contidas nos discursos teológicos, eram uma criação do imaginário masculino. Na posição de sujeitos reflexivos, as teólogas feministas denunciaram que a ação da construção do saber não era neutra, mas servia para manter o sistema patriarcal e legitimar os interesses masculinos, produzindo e naturalizando as hierarquias sociais, a inferioridade das mulheres e os processos de discriminação social, também dentro das instituições católicas. Nesse primeiro momento, as teólogas compartilhavam com a luta feminista, aqui, diga-se, do feminismo da igualdade, porque buscavam desnaturalizar e desconstruir os discursos, que elas chamavam *teologia androcêntrica*, cuja expressão sintetiza todo um sistema de pensamento centrado nos valores e nas identidades masculinas, em que a "mulher" era considerada apenas o "outro", a irrepresentável, a inferior, em referência ao masculino. O androcentrismo, no sentido de Llanos (2010), é definido como uma prática comum e generalizada, que vai além da linguagem discursiva por estar presente também nas práticas culturais e institucionais, como é o caso das instituições teológicas. Assim, parafraseando Adelman (2009, 138), pode-se dizer que a instituição eclesial produziu um tipo de discurso que envolveu a produção de determinado tipo de sujeito, que lhe deu voz e que representou a si mesmo como o homem universal, excluindo ou interditando, ao mesmo tempo, outras vozes e marginalizando ou desqualificando outras concepções de ser humano.

Tendo constatado essas dinâmicas de poder, as primeiras teólogas feministas, como estratégia política, selecionaram alguns aspectos do amplo e complexo discurso teológico, priorizando repensar as imagens e os símbolos que evocavam representações simbólicas e conceitos normativos que exerciam poder na produção do gênero (SCOTT, 1990), nesse caso, do feminino como inferior. Ao desnaturalizar e ressignificar certas representações de gênero, partindo de suas experiências concretas como mulheres e sujeitos de saber, como possuidoras de capacidade racional, elas criaram situações de tensões com o que estava colocado, isto é, produziram novos significados que desafiaram a ordem simbólica e normativa do campo de saber, assumindo nos interstícios desse lugar, uma posição de sujeito ético e racional, com igual capacidade para a ação de produzir saberes.

É nessa perspectiva que esta obra tem como título *Teologia Feminista. Insurgência e subjetividades*. É um conhecimento insurgente, no sentido proposto pelo projeto genealógico de Michel Foucault (1999). Segundo esse autor, a insurreição dos saberes não está contra os conteúdos, os métodos e os conceitos de uma ciência, mas "contra os efeitos de poder centralizadores que estão ligados à instituição e ao funcionamento de um discurso científico organizado no interior de uma sociedade" (FOUCAULT, 1999a, 171). Assim, a Teologia Feminista pode ser considerada um saber produzido por sujeitos historicamente desqualificados, um saber ocultado e tido como "menor", que agora insurge contra os efeitos dos discursos simbólicos da teologia tradicional, que produziu o feminino como inferior e desqualificado para os espaços de liderança eclesial e para atividades intelectuais.

A Teologia Feminista é também um saber que produz efeitos na construção de subjetividades ou, no sentido proposto por Teresa de Lauretis (1994), pode ser traduzida como uma *tecnologia de gênero*. Segundo essa autora, as representações de gênero são produtos de diferentes tecnologias sociais, como o cinema e os discursos, nos quais se inserem as teorias epistemológicas e as práticas institucionais, bem como as práticas cotidianas, marginais aos discursos hegemônicos, situadas nas microrrelações políticas. Tais tecnologias têm o poder de controlar o campo do significado social e, portanto, de produzir, promover e "implantar" determinada representação de gênero. Porém, existem ainda as condições para uma construção de gênero diversa, nas margens dos discursos hegemônicos, inscritas nas práticas micropolíticas e que podem ter um papel importante na construção de gênero, incidindo, sobretudo, no nível das resistências "locais", na subjetividade e na autorrepresentação. Para Lauretis, a narrativa que envolve a experiência é também uma tecnologia de gênero, por meio da qual se constrói a subjetividade. Assim sendo, consideramos que a Teologia Feminista, como um discurso que nasce nas margens do poder, ao ressignificar discursos e imagens simbólicas do discurso hegemônico, no campo teológico, produz novas narrativas e novos significados, operando como tecnologia que produz novas subjetividades femininas.

Parafraseando o pensamento de Djamila Ribeiro (2019, 89), pode-se dizer que a Teologia Feminista representa uma voz contra-hegemônica, que visa desestabilizar a norma, um discurso potente construído a partir de outros referenciais e geografias, que tem por objetivo pensar outras possibilidades de existência, para além das impostas pelo regime dominante. E isso não significa a imposição de uma outra epistemologia de verdade, mas um convite à reflexão sobre as relações de poder, o "lugar de fala dos sujeitos"[2], e os efeitos dos discursos simbólicos.

Nosso objetivo, com esta obra, é visibilizar a Teologia Feminista como um discurso potente para a emancipação das mulheres no seio das Igrejas e como uma voz dissonante que, embora marginal, consegue produzir rachaduras nas narrativas dominantes, que historicamente inferiorizaram e desqualificaram as mulheres para as atividades intelectuais e de liderança eclesial.

Para isso, revisitamos a literatura de teólogas que se definem feministas e selecionamos alguns fragmentos das entrevistas com teólogas docentes[3], realizadas para um estudo de tese, intitulado: "Relações de gênero, subjetividades e docência feminina: um estudo a partir do universo do ensino superior em teologia católica"[4]. Entretanto, para esta obra, priorizamos os fragmentos das narrativas que se remetem à produção da Teologia Feminista e às

---

[2] O conceito de "lugar de fala" se remete à localização social do sujeito ou de sua posição na estrutura das relações de poder hierárquicas. Tem a ver com as experiências coletivas que as mulheres compartilham em um sistema de cultura patriarcal (RIBEIRO, 2019).

[3] Foram realizadas 14 entrevistas com docentes de teologia em instituições católicas, localizadas nas regiões Sul e Sudeste do Brasil.

[4] Tese de doutorado defendida em 2014 pelo Programa de Pós-Graduação em Sociologia da Universidade Federal do Paraná.

relações de tensões que se estabelecem com os sujeitos masculinos. A reflexão analítico-compreensiva é realizada a partir de pressupostos das teorias feministas e dos estudos de gênero.

Nesse sentido, é importante esclarecer que esta obra não é um tratado de teologia, mas uma análise compreensiva a partir de uma perspectiva sociológica e feminista. A sociologia, segundo Pierre Bourdieu e Loïc Wacquant (2005), possibilita descobrir as estruturas invisíveis dos diversos mundos sociais que constituem o universo social e os mecanismos que tendem a assegurar a sua reprodução ou sua transformação. E, aqui, concretamente buscamos averiguar tal realidade direcionando o nosso olhar para os discursos e sujeitos do conhecimento, que interagem no cenário acadêmico das instituições católicas.

A perspectiva feminista, pautada nos estudos de gênero, nos oferece ferramentas de análise crítica. Trata-se de um conhecimento que emerge das margens do poder, de vozes historicamente silenciadas, que se constitui como um novo paradigma de produção de saber. Para a teóloga brasileira Ivone Gebara (2008, 135), "o feminismo não é um racionalismo duro, não é um tribunal da história passada, mas sim um modo de inclusão, uma luta por justiça, um sinal de que a humanidade, homens e mulheres, podem se entender sempre de novo, a partir de referentes nascidos de suas próprias entranhas". Gebara nos aponta que o feminismo é uma ferramenta de inclusão, de fazer acontecer a justiça social de gênero, possibilitando a descolonização do conhecimento e a construção de relações horizontais e equitativas de poder entre mulheres e homens.

Esta obra está organizada em oito capítulos, nos quais refletimos e analisamos diferentes aspectos que envolve a produção da Teologia Feminista, como: a especificidade e os sujeitos históricos do saber teológico; a crítica feminista aos saberes androcêntricos; as representações de gênero no discurso da teologia católica tradicional e o seu poder na produção de subjetividades subalternas; a Teologia Feminista como tecnologia de desconstrução do feminino subalterno; o chão temporal e social da emergência da Teologia Feminista e as suas especificidades na América Latina e na América do Norte; as perspectivas teórico-metodológicas da Teologia Feminista; os sujeitos e a trajetória da produção feminista no Brasil; a Teologia Feminista como uma voz que emerge das "margens", com poder de subjetivação e as relações de poder diante da insurgência de saberes subalternos.

Nosso intuito é que esta obra traga para o leitor(a) uma contribuição em diferentes pontos: a) na percepção de que não existe neutralidade nos processos de produção do conhecimento, inclusive nos considerados "sagrados", e que a posição social do sujeito na estrutura da hierarquia de gênero e de poder interfere diretamente na produção dos saberes; b) na importância de se produzirem conhecimentos a partir de uma ética, pautada na justiça social, que exerça poder na construção de relações igualitárias de gênero; c) nos processos de subjetivação positiva do feminino e de emancipação das mulheres como sujeito de saber e de poder.

CAPÍTULO UM

O SABER TEOLÓGICO: SUJEITOS DO CONHECIMENTO E A CRÍTICA FEMINISTA

O termo "teologia" tem suas origens no pensamento grego[1], cujo sentido se remete ao estudo sobre Deus. De acordo com Maria Pilar Aquino (1995, 6), a *teo-logia* tem uma linguagem própria pela qual se busca compreender de forma permanente, crítica e sistemática a fé que a comunidade cristã vive, celebra e anuncia. Como esforço reflexivo (*logos*) sobre Deus (*theos*) e a vivência que se tem de Deus, a teologia é realizada a partir da riqueza da experiência da crença. Mais do que uma ciência do intelecto, a teologia é o vocabulário do *affectus*, do amor voltado à manifestação da atividade de

---

[1] Teologia (*Theós* = "Deus" + logia = "saber, ciência"), no sentido literal, é o estudo, um saber ou uma ciência sobre Deus ou sobre deuses.

Deus. Na compreensão atual, a teologia é considerada uma ciência humana de perspectiva hermenêutica, cujo objetivo é desvelar o sentido último e transcendente da vida humana. Ela também dialoga com as ciências exatas e humanas para produzir crítica e estímulo mútuo, em vista da concretização do projeto emancipatório, que é o sentido último de toda a ciência (LIBANIO; MURAD, 2011).

Como um mesmo objeto de estudo pode ser problematizado por diferentes perspectivas epistemológicas, convém distinguir claramente a originalidade própria da teologia. Segundo o teólogo Luiz Carlos Susin (2006, 557), "a teologia é um saber, cuja racionalidade depende da experiência da fé". É neste aspecto que se garante a perspectiva própria da teologia. Um(a) teólogo(a) se distingue de um cientista da religião porque só pode produzir teologia inserido(a) em uma comunidade de fé. A sua experiência religiosa vivida em comunidade e refletida à luz da razão, pela perspectiva hermenêutica das ciências humanas, exerce uma função afirmativa, confirmativa e crítica. Ser membro e participar de uma comunidade de fé é um pré-requisito necessário para produzir teologia, em termos de racionalidade da fé vivida. O saber teológico só pode ser construído "desde dentro" e não sobre a fé ou sobre a comunidade de fé.

Convém lembrar que a teologia é um discurso histórico, milenar e complexo, que passou por uma série de desdobramentos, por conta de tensões culturais e históricas. Por isso, a trajetória de sua constituição não é uniforme, homogênea e nem linear, porque se inscreve dentro de uma série de percalços, crises e conflitos internos e externos. Não nos interessa aqui descrever a história da constituição da teologia[2], mas somente nos focar em alguns elementos que têm sido enfatizados pela Teologia Feminista, como um discurso que reivindica o seu lugar no campo, cuja produção, de certa forma, também produz novos significados de gênero, por

---

[2] Para aprofundar a constituição da teologia, seus desdobramentos e crises, consultar Gebara (2008); Higuet, Klein, Cavalieri e Sales (2005).

meio da *contramemória* (BRAIDOTTI, 2004). Estratégia que produz efeitos de uma afirmação positiva acerca do sujeito "Mulher".

Como qualquer outro discurso acadêmico, a teologia foi fortemente influenciada por dinâmicas sociais, culturais, econômicas e políticas de cada período histórico. Embora tenha se constituído como uma área de saber distinta, ao longo dos séculos, ela também foi incorporando categorias epistemológicas da filosofia, que emergiram vinculadas às dinâmicas sociais e culturais da humanidade. O sociólogo Karl Mannheim (1976) já assinalava que a produção do pensamento tem relação direta com a existência humana, com as condições sociais, culturais e com as estruturas mentais do sujeito. Além disso, é necessário acentuar que o gênero ou as crenças culturais sobre essas relações também funcionam como um princípio organizador e silencioso de práticas científicas, estabelecendo prioridades e determinando resultados, teorias válidas e interpretações de textos (SCHIENBINGER, 2001). Essas condições da cultura, indubitavelmente, são perceptíveis na teologia, o que, de certo modo, revela que nenhum pensamento é neutro em relação às crenças e aos valores daqueles que o produzem (HARDING, 1996). Nesse sentido, o feminismo tem realizado sérias críticas ao conhecimento que se afirma puramente objetivo, neutro e universal. A crítica feminista ressalta a necessidade de descrever e de considerar o contexto social, histórico, político e cultural, em que se realizam as atividades científicas e mostra claramente que existe influência dos valores sociais e políticos na produção do conhecimento (GRAF, 2010).

Essa consciência tem sido assumida também por teólogas feministas. Ivone Gebara (2008) reconhece que as teologias[3] foram elaboradas por uma elite masculina, com poder institucional reconhecido, cujos homens se tornaram os grandes especialistas, sujeitos dos discursos teológicos e os condutores da religião. Nos

---

[3] Falamos em teologias uma vez que não existe uma única reflexão sobre a busca de Deus. As elaborações se diferenciam porque cada sujeito da teologia reflete a partir de contextos diferentes e perspectivas teóricas distintas.

termos de Mannheim (1974), poder-se-ia dizer que essa elite masculina foi se constituindo em uma *intelligentsia*[4], especializada na produção das ideias que operavam na ordem simbólica do sagrado. Segundo as concepções do feminismo, pode-se pensar que a posição de gênero e de classe dessa *intelligentsia* influenciou e direcionou o pensamento teológico, que se institucionalizou como "um discurso verdadeiro" e legítimo, dentro do universo do "sagrado".

A comunidade delega aos teólogos a tarefa que tradicionalmente ela mesma assumia. Junto com essa tarefa se delega também um poder sobre a comunidade, uma vez que se reconhecia neles a autoridade em assuntos que tocavam a moral, os costumes da própria comunidade. Eles também eram reconhecidos, no caso do clero, como representantes da divindade. A teologia foi, assim, por muito tempo uma atividade masculina e, ao longo dos séculos do cristianismo, o papel dos teólogos foi se expressando de diferentes formas (GEBARA, 2008, 74. Tradução da autora).

Sendo os homens os sujeitos históricos da produção do saber teológico, da mesma forma que em outras áreas do conhecimento, esse saber contribuiu com a reprodução de valores e interesses da cultura patriarcal. Nesse sentido, Schienbinger (2001) tem afirmado que a visão masculina estruturou o conhecimento desvalorizando e negligenciando a participação histórica das mulheres nos processos socioculturais, já que as dinâmicas de gênero estabeleceram prioridades científicas, estruturando silenciosamente teorias e práticas sociais. Tanto os discursos filosóficos e científicos da modernidade como o da teologia histórica e tradicional legitimaram a universalização e a institucionalização de estruturas sociais hierárquicas e androcêntricas. A constatação dessa realidade fez que teólogas e cientistas feministas estabelecessem críticas aos discursos produzidos do ponto de vista da subjetivi-

---

[4] Mannheim constrói a tipologia *intelligentsia* para se referir a um estrato social de intelectuais, com uma ação politicamente direcionada. Os membros de uma *intelligentsia* falam, escrevem e pensam a partir de um determinado "lugar social" e seus pensamentos expõem os seus engajamentos e as suas crenças.

dade masculina, por sua insuficiente atenção específica para a vida e para as experiências das mulheres. Esses discursos funcionaram como dispositivos de poder, no sentido de Foucault, porque possibilitou processos de exclusão das mulheres de instâncias significativas de poder e a invisibilização de suas contribuições e de outros sujeitos considerados "subalternos"[5] nos processos históricos e culturais.

Nesse contexto, os sujeitos humanos individuais ou coletivos, que apareciam investidos de importância simbólica, sintetizavam os principais significados de uma determinada época cultural. Assim, de acordo com Rita Felski (1995), quando esses sujeitos são presumidamente masculinos ou femininos, eles também apresentam consequências significativas para o tipo de narrativa desenvolvida. Isso porque "o gênero não apenas afeta o conteúdo real de nosso conhecimento histórico – o que é relatado e o que é ignorado –, mas também a concepção filosófica implícita em nossas interpretações da natureza e do processo social" (FELSKI, 1995, 1).

A seguir, assinalamos alguns pontos da crítica feminista ao conhecimento masculino, que por muito tempo exerceu poder na materialização de hierarquias sexistas, produzindo exclusão, discriminação e desigualdades sociais. Essa mesma crítica, no campo do conhecimento teológico se realiza por meio do que se chamou de *Teologia Feminista*.

1.1. A CRÍTICA FEMINISTA COMO FERRAMENTA DE DESCONSTRUÇÃO E DE PRODUÇÃO DE NOVOS SENTIDOS

De acordo com Elaine Showalter (1994), a crítica feminista se desenvolveu a partir da segunda metade do século XX. Em geral, são apontadas duas modalidades: uma que procura resgatar as

---

[5] Essa expressão é utilizada por Gayatri Spivak para se remeter a quem não pode expressar a sua voz enquanto não há instituição que escute, e por isso não pode levar a cabo o que se denomina o ato da fala, porque carece de autoridade legítima para isso.

obras escritas por mulheres que ao longo dos séculos foram esquecidas ou excluídas do cânone oficial, ou seja, do conhecimento válido para um determinado campo científico; e outra que busca fazer a releitura de obras literárias, independentemente da autoria, tomando por base as experiências das mulheres. Isso para desvendar, por meio do estilo dos textos e das temáticas, a importância das vozes femininas e os traços da cultura androcêntrica que perpassam essas obras.

A vertente da crítica feminista que se fortaleceu em meados da década de 1960 foi a do feminismo da igualdade. Nesse contexto, as feministas tomaram consciência de que as mulheres, até então, haviam sido descritas unicamente pela visão masculina e começaram a questionar os fundamentos da neutralidade racional do conhecimento. A teoria feminista passou a criticar os mitos, as imagens, as representações e mistificações em torno da "Mulher", compreendendo que eram resultados de uma construção do imaginário masculino. Com isso, inaugurou-se uma tradição teórica, cujo objetivo era subverter a sistemática desqualificação do sujeito feminino. O feminismo entendia que o homem havia se apropriado da faculdade racional, produzindo a mulher como o "outro", isto é, como o inferior, o irracional, o impuro, o passivo (HITA, 2002). Nesse sentido, segundo Braidotti (2004), o momento fundamental da história feminista era a afirmação de um laço comum entre todas as mulheres, de uma relação entre elas que era real, na medida em que se compartilhava da mesma categoria da diferença entendida como negativa e pressuposto da opressão e da desigualdade social entre homens e mulheres.

As feministas da igualdade atacavam os pressupostos naturalistas acerca da inferioridade intelectual das mulheres, deslocando o debate em direção à construção social e cultural do feminino. Ao efetuar esse deslocamento, elas enfatizaram a reivindicação da igualdade educativa como fator importante para diminuir as assimetrias entre os sexos, porque entendiam que elas eram a fonte da desigualdade social. Acreditava-se que a superação da desigualdade se ocorria por meio de canais políticos: como pelo direito da educação e direito ao voto (HITA, 2002).

Estudos realizados sob a perspectiva da crítica feminista[6] têm apontado que a ciência moderna é masculina não só porque os sujeitos são homens, mas também pela produção de representações simbólicas, crenças e pelos valores assumidos, cuja constatação não necessita de muito esforço. E, isso, não é diferente quando se fala da teologia, das humanidades e das artes. Por exemplo, poderíamos nos perguntar quais são as mulheres que se destacam no conjunto dos grandes pintores e escultores? Talvez uma minoria. Isso se repete quando olhamos para outros aspectos da vida social, como é o caso do universo político, em que o parlamento e outras lideranças políticas continuam marcadamente masculinas. A expressão maior se encontra no universo da religião, no qual os líderes foram e ainda são praticamente masculinos. Ático Chassot (2009, 26) sugere que "não apenas a ciência é predominantemente masculina, mas a própria civilização". Simone de Beauvoir (1949, 193) já havia mencionado que a "representação do mundo, como o próprio mundo, é operação dos homens; eles o descrevem do ponto de vista que lhes é peculiar e confundem com a verdade absoluta".

Simone de Beauvoir argumenta que a civilização não é masculina somente porque há a predominância da visibilidade do sexo masculino na ciência ou nas diferentes instâncias de liderança social, mas, sobretudo, porque as representações culturais e científicas são produtos da experiência masculina. A representação do mundo envolve a complexidade das relações sociais e as formas dessas representações estão inseparavelmente ligadas à posição do sujeito que o representa. Assim, a filosofia, a ciência e a literatura, sendo criações culturais dos homens, excluíram as mulheres de tal forma que essa exclusão afetou o conteúdo profundo de seus argumentos e de sua visão de mundo (BEAUVOIR, 1949, 89).

---

[6] Alguns dos autores desses estudos são citados no corpo dessa discussão.

Segundo Miriam Adelman (2009, 133), nos campos convencionais da história e da literatura existe um viés androcêntrico tão forte que exigiu mudanças radicais para que se criasse dentro deles qualquer espaço para a voz e as experiências femininas. A autora cita, por exemplo, a literatura como um dos campos em que as obras das escritoras ficaram, por muito tempo, "desconhecidas". Muitos estudos da crítica cultural feminista apontam o caráter masculino do pensamento ocidental. Entre esses, o de Felski (1995), que versa sobre a história da literatura, o de Adelman (2009), que tem acento na teoria social, e os de Harding (1996), Schienbinger (2001), Chassot (2009), Graf (2010) e Japiassu (2011), que priorizam a ciência. Na teologia também se encontram diversos estudos, entre os quais os de Elisabeth Schüssler Fiorenza (1995), Rosemary R. Ruether (1983), Mary Daly (1985, 1993), que influenciaram o pensamento de muitas teólogas brasileiras. No Brasil, a crítica mais expressiva ao pensamento teológico masculino é o da teóloga Ivone Gebara (2006a, 2006b, 2008). Essas teólogas chamam a atenção para as representações simbólicas masculinas inscritas no discurso teológico, cujos símbolos passaram a orientar valores e crenças que interferiram nas práticas sociais e eclesiais. Segundo a crítica de Ivone Gebara, a simbologia dos heróis masculinos não está só no universo religioso, mas em toda a cultura moderna. Essas imagens simbólicas não são neutras, mas operam como dispositivos de poder, porque projetam mensagens sobre esperanças, sonhos, comportamentos e condutas, produzindo determinados tipos de subjetividades masculinas e femininas.

> Vemos obras de artes expostas em praças e nome de avenidas sempre com nome de heróis do sexo masculino. Mesmo com suas contradições e ambiguidades, essas representações simbólicas têm um papel histórico, educativo, simbólico e psicológico importante, isso porque penetra em nosso ser desde muito cedo. Esse processo de educação foi hegemônico no passado e continua até hoje muito forte em muitos de nossos comportamentos, mesmo que já se tenha conquistado mudanças sociais, devido ao acesso de mulheres aos espaços públicos (GEBARA, 2008, 112. Tradução da autora).

De igual maneira, Felski (1995, 16) afirma que a modernidade identificada com a masculinidade não é uma invenção, mas uma questão legitimada e produzida teoricamente. Ela fundamenta essa posição mencionando que os símbolos da esfera pública, considerados figuras representativas da modernidade no século XIX, como o *estrangeiro*, o *dandi*, o *flaneur*, são figuras explicitamente *generizadas*. As imagens públicas femininas que, atualmente, servem de exemplo para os cidadãos e cidadãs são poucas e insignificantes quando comparadas com as masculinas, e isso acaba construindo um imaginário de que o masculino tem mais reconhecimento político e religioso que o feminino (GEBARA, 2008). Desse modo, o poder dos símbolos culturais, presentes no universo social e religioso, marcaram os processos de socialização fazendo que as mulheres acreditassem que eram inferiores aos homens, já que na cultura moderna a música, a literatura, a ciência e a religião aparecem como fundamentalmente masculinas (GEBARA, 2008). Essas críticas apontam que as produções artística, filosófica, histórica, sociológica e teológica, sendo realizadas unicamente por sujeitos masculinos, trouxeram impactos na organização social e eclesial. Além de ocultar muitas das ações significativas das mulheres, legitimaram a sua inferioridade e, consequentemente, a sua impotência na produção do pensamento e na condução dos processos históricos.

De acordo com Chassot (2009), se queremos compreender porque a ciência continua majoritariamente masculina, em termos de representação, faz-se necessário buscar as tessituras com outras histórias, como a da filosofia, das artes, da magia e das religiões, já que a ciência está intensamente conectada com a história da humanidade e não pode ser lida sem essas diferentes tessituras. Apesar dessa forte marca masculina, sempre existiram mulheres participando e contribuindo na construção do conhecimento, mesmo impedidas de serem membros de comunidades científicas. Elas tinham mais participação e acesso ao conhecimento quando não havia uma separação entre o espaço doméstico e o do fazer ciência. Sua presença foi se reduzindo quando a casa deixou de ser o lugar do acesso informal da ciência para as mulheres. Com a Revolução Científica dos séculos XVII e XVIII, a participação delas na ciência foi limitada. As instituições científicas – universidades, academias e indústrias – foram estruturadas sobre a suposição de que os cientistas seriam homens com esposas em casa para cuidar deles e de suas famílias. Com a profissionalização da ciência, nos séculos XVII e XVIII, as mulheres se tornaram assistentes invisíveis de seus maridos (SCHIENBINGER, 2001). Mesmo que reduzida, a participação das mulheres foi importante para a construção da ciência. Entretanto, elas foram invisibilizadas[7] e colocadas fora da história, tendo que superar barreiras que lhes foram interpostas. Isso também ocorreu na história recente, pois no início do século XX a ciência e outras carreiras eram culturalmente definidas como impróprias para as mulheres e, na segunda metade do século XX, estabelecia-se quais eram as profissões para homens e quais eram para as mulheres.

O conhecimento é sempre resultado das relações sociais e, especificamente, da maneira como determinadas formas de saber e de conhecer são legitimadas no interior das comunidades epistêmicas. De acordo com Adelman,

> entendemos a ciência como uma forma específica de discursos, de conhecimento institucionalmente organizado e de poder social, que consolida sua legitimidade como parte da revolução burguesa ocidental de sua filosofia iluminista. O fato de as mulheres terem estado excluídas dessas comunidades durante muito tempo seria uma parte da história profunda das disciplinas. Parte de um processo duplo de ausência, enquanto produtoras de conhecimento (nas instituições onde se produz e se transmite o conhecimento científico) e enquanto sujeitos (reconhecidos) da história (ADELMAN, 2009, 97).

---

[7] No século XIX, houve mulheres que publicaram, por exemplo, os seus trabalhos matemáticos com pseudônimos masculinos não apenas para merecerem créditos na academia, mas para conseguirem que eles obtivessem um lócus para virem à luz (CHASSOT, 2009, 29).

Chassot (2009, 46) aponta que a perspectiva cultural e política de uma ciência que se produziu masculina, como também todas as formas do pensamento intelectual, está diretamente vinculada à influência que veio do campo religioso, em que a ciência e os demais saberes masculinos foram se fortalecendo a partir de nossa tríplice ancestralidade grego-judaico-cristã. É nessas nossas origens que encontramos o vínculo religioso. Mesmo que se queira contestar que a religião grega não tinha marcas de dominação, não se pode esquecer de duas situações: os mitos, que eram tidos como livros sagrados, e a filosofia grega, particularmente o pensamento de Aristóteles, que se fez sincrético com a escolástica, especificamente, na nascente universidade no mundo ocidental, a partir do século XI[8].

Em cada uma das três raízes históricas, as tentativas de leituras revelam a forte influência do pensamento religioso na supremacia do sujeito masculino como o ser racional. Por exemplo, na tradição grega tem-se os mitos[9] e as concepções biológicas de fecundação de Aristóteles; na judaica, a cosmologia e, particularmente, o mito da criação de Adão e Eva; e na cristã, somada às explicações oriundas do judaísmo, tem-se a radicalidade das explicações do pensamento de Agostinho, Isidoro, Tomás de Aquino, entre outros[10] (CHASSOT, 2009, 46). Essas tradições religiosas naturalizavam a inferioridade das mulheres, imprimindo-lhes apenas funções vinculadas à natureza biológica, por serem consideradas despossuídas de capacidades intelectuais. Desde os primórdios, os discursos masculinos materializaram práticas sociais

---

[8] No artigo "Por que a ciência já nasceu machista?", Hilton Japiassu, por meio de argumentos fundados em bases históricas, mostra como a ciência se estruturou a partir de um princípio de racionalidade fundado na filosofia de caráter eminentemente patriarcal-masculino-machista. Ver mais em Japiassu (2011).

[9] Um dos mitos gregos descreve o castigo de Zeus aos homens. Segundo esse mito, Zeus fica irado por ter sido provocado pelos homens e, por isso, cria uma criatura artificial que dá a gênese das mulheres, criaturas que trazem aos homens a avidez do desejo, o fim do contentamento e da autossuficiência. No mito, a primeira mulher se chamava Pandora e ela trazia consigo uma caixa fechada de onde deixaria escapar todos os males que pesariam sobre os homens.

[10] Para aprofundar a influência de cada uma dessas tradições no pensamento científico, consultar Chassot (2009).

desiguais e legitimaram a exclusão das mulheres da ciência, da história e do acesso ao conhecimento.

No universo teológico, as mulheres feministas direcionam suas críticas ao pensamento, que elas chamam de androcêntrico, considerando que a teologia produzida unicamente por sujeitos masculinos, orientados por valores da cultura patriarcal, trouxe impactos na vida das mulheres e na organização eclesial. O homem clérigo se constituiu o sujeito coletivo da racionalidade teológica oficial, enquanto as mulheres existiram somente como o "outro" e objeto da narrativa teológica. Esse discurso, elaborado segundo a visão e a experiência de um sujeito que é homem e clérigo, produziu um constructo simbólico – discurso, imagens e representações – que naturalizou o feminino como um corpo inferior, passivo e despossuído de intelectualidade.

Ivone Gebara (2019), em entrevista ao jornal *Brasil de fato*, de Pernambuco, vem reafirmar a importância da Teologia Feminista enquanto um pensamento que desconstrói a compreensão do masculino como superior e o feminino como uma questão dada pela natureza.

> A Teologia Feminista é importante porque ela desconstrói essa masculinidade do divino e essa ordem essencializada, de que tem que ser assim, a ordem da sexualidade, da maternidade. Ela desconstrói os modelos estabelecidos como modelos próprios da natureza ou modelos queridos por Deus. Evidentemente, essa Teologia não é do agrado da política atual, nem mesmo das religiões marcadas pelo patriarcalismo (GEBARA, 2019, s.p.).

No capítulo seguinte, a partir da literatura de teólogas, apresentamos alguns aspectos do discurso da moral católica tradicional, cujos pensadores eram homens ocidentais, brancos e celibatários. Esse olhar genealógico permite compreender como as mulheres na teologia assumem o papel de fazer o que Boaventura de Sousa Santos chama de "sociologia das ausências", porque elas vão argumentar contra as dinâmicas invisíveis de poder que produzem modelos de feminino e de masculino, como uma ordem da natureza (mulheres) e ou da divindade (homens).

CAPÍTULODOIS

REPRESENTAÇÕES DE GÊNERO NO DISCURSO CATÓLICO TRADICIONAL: UM OLHAR A PARTIR DA LITERATURA DE TEÓLOGAS FEMINISTAS[1]

Neste capítulo, recuperamos algumas representações de gênero inscritas no discurso católico tradicional. Representações que foram reiteradas ao longo da história exercendo poder na produção e naturalização da inferioridade intelectual das mulheres, no intuito de tornar evidentes os significados de gênero, que foram produzidos pelos discursos, normas e representações sobre a "natureza" dos sexos, cujo sistema simbólico produziu efeitos nas subjetividades femininas. Assim, rever essas representações sobre o feminino pela

---

[1] Parte dessa reflexão foi publicada no artigo "A produção do feminino: representações de gênero no discurso da teologia católica tradicional", pela revista *Estudos de Sociologia*, Recife, v. 2, n. 22, 2016.

perspectiva da genealogia torna possível compreender como os sujeitos femininos foram produzidos e como hoje reagem diante de tais representações. E, segundo Scott (1990), as práticas discursivas e institucionais, as representações simbólicas de gênero e os conceitos normativos são ferramentas poderosas na produção de gênero, ou de subjetividades femininas e masculinas[2].

Se essas questões são trazidas pelas próprias teólogas, como expressão de um olhar de denúncia ao pensamento masculino, isso mostra que na medida em que elas se relacionam reflexivamente com os discursos normativos também se constituem sujeitos/agentes, capazes de resistir a um modelo de feminino, criando uma nova consciência de si. Isso porque elas denunciam que a subjetividade feminina inferiorizada não está condicionada ao sexo, mas foi uma produção de discursos pautados na tradição judaico-cristã que, desde os seus primórdios, legitimou a hierarquia de sexos, tanto na esfera social quanto eclesial. Trata-se de uma subjetividade que não corresponde com a realidade concreta da vida das mulheres. Assim, situar aqui as representações de gênero reproduzidas no discurso tradicional da teologia, de certa forma possibilita a compreensão do processo tímido de inserção das mulheres no Ensino Superior e na produção teológica[3], bem como o impulso de sua produtividade hoje, no sentido de perceber como essas mulheres se situam e recolocam os obstáculos sobre novas práticas e sobre a produção de novos saberes que, automaticamente, produzem um efeito de autoafirmação positiva do feminino.

---

[2] Convém deixar claro que, nesse ponto, busca-se mais colocar em evidência, por meio da literatura de teólogas feministas, os aspectos dos discursos masculinos tradicionais que exerceram poder na produção de subjetividades femininas pejorativas. No próximo ponto, mostramos o esforço estratégico e político das teólogas como sujeitos reflexivos e autoconscientes de si e de seu potencial racional, no processo de ressignificação e positivação do feminino, que as aproximam da corrente do feminismo da diferença.

[3] Essa afirmação é baseada no levantamento de dados feitos para uma pesquisa de tese. Para saber mais, consultar Furlin (2014).

As teólogas que se autodefinem feministas e que compartilham da crítica feminista realizada por mulheres de diversas áreas acadêmicas argumentam que os discursos simbólicos da teologia católica tradicional, como produção masculina, exerceram poder na produção de um determinado modelo de feminino, compatível com a cultura patriarcal. Elas evidenciam que a perspectiva masculina da teologia penetrou tudo o que se tornou "conhecimento legítimo", ou seja, do que foi selecionado para o cânone oficial desta área de saber. Simone de Beauvoir, havia mencionado que "boa parte da produção discursiva moderna é um discurso dos homens sobre o 'grande Outro', a mulher" (BEAUVOIR, 1949, apud ADELMAN, 2009, 86).

Para Foucault os discursos devem ser tratados como práticas, uma vez que são atravessados por dinâmicas de poder que produzem o que é enunciado.

> Gostaria de mostrar que o discurso não é uma estreita superfície de contato ou de confronto entre uma realidade e uma língua, o intrincamento entre um léxico e uma experiência [...] revela, afinal de contas, uma tarefa inteiramente diferente, que consiste em não mais tratar os discursos como conjuntos de signos [...] mas como práticas que formam sistematicamente os objetos de que falam (FOUCAULT, 2007a, 54-55).

Para esse autor, uma prática discursiva faz com que se estabeleça um vínculo entre relações de poder e os efeitos da palavra dita. Na mesma direção, em Judith Butler (2007, 154), o discurso carrega em si um poder performativo[4], capaz de produzir materialidade, porque eles são objetivados nas práticas institucionais, nas hierarquias de poder, no currículo e na invisibilidade das mulheres; situação que se faz visível no universo teológico. Isso significa que as normas regulatórias dos discursos que, no caso da teologia, se expressam por meio de representações simbólicas de gênero,

---

[4] Ela entende a *performatividade* como uma prática reiterativa e citacional, por meio da qual o discurso produz os efeitos do que nomeia. Essa performatividade é sempre "a reiteração de uma norma ou de um conjunto de normas" (BUTLER, 2007, 167).

trabalham de forma performativa, produzindo a materialidade na forma de práticas desiguais, sexistas e hierárquicas, em termos de gênero. Para Foucault e Butler, na teoria do ato de fala, um ato performativo é aquela prática discursiva que efetua ou produz aquilo que se nomeia. No entanto, o fazer existir o que se nomeia, em Butler, só é possível por meio do poder reiterativo do discurso. Assim, as representações de gênero inscritas nas elaborações teológicas tradicionais, que podem ser consideradas práticas discursivas, reiterativas e citacionais, exerceram poder para hierarquizar práticas sociais, baseadas no sexo biológico, segundo um modelo normativo de gênero que, no caso das instituições católicas, tornaram o homem heterossexual celibatário o sujeito universal inteligível e normativo para esse lugar de saber e a mulher como a despossuída de razão e, portanto, inferior.

Após essas breves considerações que permitem tecer um olhar sobre as representações de gênero e o lugar das mulheres na teologia católica tradicional, colocaremos em evidência algumas singularidades dos enunciados discursivos teológicos, por meio da literatura de algumas teólogas. Essa literatura, evidentemente, assinala como os discursos teológicos produzidos sob a ótica da cultura patriarcal exerceram poder que performatizaram, reproduziram e legitimaram práticas sociais hierárquicas e sexistas, como acontece no meio eclesial.

Segundo a literatura de teólogas feministas católicas como Ruether (1983), Daly (1986), Ranke-Heinemann (1996), Fiorenza (1989, 2000), Gebara (2004, 2006a, 2006b, 2008), a base do discurso teológico tradicional sobre as mulheres, que produziu a diferença como pejorativa, se apoiou no pensamento grego, especificamente nos dualismos da filosofia de Aristóteles[5] e nas tradições do

---

[5] Segundo Héritier (1996, 208), o pensamento de Aristóteles parte de noções que ele considera da ordem natural, entre o quente e o frio, o seco e o úmido, o ativo e o passivo, a potência e a matéria, que conotam respectivamente o masculino e o feminino. Assim, as categorias centrais são as do quente e do frio, do seco e do úmido, diretamente associadas à masculinidade (o quente e o seco) e à feminilidade (o

judaísmo, cujas ideias e representações se tornaram base para a moral sexual católica. Pode-se dizer que esse discurso funcionou como uma *tecnologia de gênero*, na expressão de Teresa de Lauretis (1994), por produzir ou materializar práticas de relações desiguais, com base em uma determinada leitura da diferença entre os corpos masculinos e femininos. Essa moral sexual foi extremamente rígida, principalmente em relação às mulheres, pois orientava a sua sexualidade ao serviço do "outro" e da maternidade.

Tomando por base a discussão performativa do sexo, em Butler (2007) pode se compreender que a Teologia Moral, produzida sob o imperativo da *heterossexualidade*, assumiu os valores e as normas do modelo *heteronormativo*[6] da estrutura social. E sendo uma produção discursiva masculina, legítima no universo religioso, sua prática reiterativa produziu o sexo feminino como inferior ao masculino, e isso, ao longo do tempo, adquiriu um efeito naturalizado, que justificava a incapacidade das mulheres para determinadas instâncias de liderança eclesial, por terem sido instituídas como um "sexo inferior".

De acordo com a literatura da Teologia Feminista, a filosofia aristotélica influenciou a teologia tradicional, legitimando a inferioridade sociológica e eclesial das mulheres por meio de um discurso simbólico[7], fundado sobre um sistema de dicotomias quente/frio, úmido/seco, puro/impuro etc. Tratava-se de uma diferença produzida culturalmente com base em uma concepção simbólica da anatomia dos corpos, que não se sustenta na contemporaneidade.

---

frio e o úmido). Quente e seco – é associado ao fogo – valor positivo – valor perfeito. Frio e úmido – é associado à água – valor negativo – imperfeição.

[6] Misckolci (2009, 157) descreve a heteronormatividade como "um conjunto de prescrições que fundamentam processos sociais de regulação e controle, até mesmo aqueles que não se relacionam com pessoas do sexo oposto".

[7] Na concepção de Héritier (1996), os discursos simbólicos são construídos sobre um sistema de categorias binárias, de pares dualistas, que opõem face a face séries como: sol e lua, alto e baixo, direito e esquerdo, claro e escuro, brilhante e sombrio, leve e pesado, quente e frio, seco e úmido, masculino e feminino, superior e inferior. É um discurso que estabelece sempre uma hierarquia de valores, ou grau de importância.

Nesse sentido, para a antropóloga Françoise Héritier (1996), a desigualdade ideológica e social entre os sexos tem origem nessas oposições binárias, conotadas como negativas e positivas. Segundo essas concepções, o homem era considerado o ser mais perfeito e a mulher uma matéria fria sem potência, portanto um ser menos perfeito. Héritier recorda que, em Aristóteles, a natureza imperfeita da mulher provinha de sua frieza, manifestada pelas perdas de sangue, cujo fluido era considerado o portador da vida. Perdendo sangue as mulheres não conseguiam chegar ao grau de calor do corpo dos homens. E, sendo frias, elas eram consideradas inferiores[8]. Essa concepção da inferioridade das mulheres, que era produzida culturalmente, tomando por base a natureza biológica dos sexos, também aparece no discurso da tradição judaico-cristã, por meio da expressão clássica da oposição puro/impuro, que reflete a dicotomia masculino/feminino. Nessa tradição, as mulheres eram consideradas naturalmente impuras, pelo fato de perderem sangue durante a menstruação e o parto[9], cuja questão aparece nos escritos bíblicos do Antigo Testamento. Segundo o livro do Levítico 12,1-5, as mulheres ficavam impuras durante 40 dias depois do nascimento de um filho e oitenta dias depois do nascimento de uma filha. Assim, o fato de as mulheres ficarem por mais tempo impuras, quando geravam um bebê do sexo feminino, justificava a superioridade dos homens e obrigava as mulheres a passarem por rituais de purificação mais intensos. Nesses discursos, a produção e a naturalização da diferença como inferior eram vinculadas a uma determinada leitura biológica dos corpos.

---

[8] Segundo Japiassu (2011), a ciência moderna recupera essas ideias para reafirmar a superioridade racional masculina.

[9] "As noções de puro e impuro parecem mais complexas no judaísmo, em que as práticas purificatórias e sacrifícios expiatórios pontuam a vida dos padres e também dos mortais para eliminar, na presença de Deus, as máculas morais e físicas, as poluições corporais. A imersão purificadora, diferente dos cuidados de higiene, era praticada pelas mulheres no final das menstruações e dos partos e permitia a retomada do ato sexual, sem mácula para os homens" (HÉRITIER, 2000, 41).

Nota-se que as concepções bíblicas e as noções de Aristóteles se fundem na tradição cristã. Essas representações foram reiteradas e reproduzidas, durante muito tempo, no universo do ensino teológico e nas liturgias eclesiais, a ponto de trabalhar de forma *performativa* e produzir os seus efeitos nas práticas sociais e eclesiais. Isto é, se justificou e se legitimou a incapacidade das mulheres para o "serviço do altar". Tal situação revela que, na configuração do *ethos* das mulheres, o transporte simbólico de certas concepções dos corpos biológicos funcionou como um mecanismo manipulador e produtor de realidade social, materializando a desigualdade de gênero, a serviço dos interesses de uma cultura androcêntrica.

Nessas concepções sobre a produção da subjetividade feminina, evidenciada na literatura da Teologia Feminista, é possível perceber que essas teólogas que se constituem como sujeitos de saber em um espaço historicamente privado para elas, em um primeiro momento de sua produção, vão buscar desnaturalizar as diferenças culturais fundadas no biológico, para mostrar que a desigualdade entre mulheres e homens e a própria produção do feminino como "inferior" foi uma construção sociocultural. Nessa fase de produção crítica, elas se aproximam da reflexão do feminismo dos anos de 1970, influenciado pelo estruturalismo em seus modelos dicotômicos, que inspirou o binômio sexo/gênero para explicar as desigualdades sociais entre mulheres e homens (RUBIN, 1993).

O discurso da teóloga Ranke-Heinemann (1996, 87)[10] aponta que as ideias dicotômicas do pensamento grego influenciaram a

---

[10] Para assinalar as representações de gênero presentes no discurso teológico da tradição cristã, apropriamo-nos, principalmente, da reflexão dessa teóloga, uma vez que sua obra é um trabalho histórico-crítico minucioso, que se deu a partir de fontes primárias, abrangendo o tempo imediatamente antes do cristianismo, a história comparada das Igrejas cristãs até o tempo do papa João Paulo II. Para a socióloga Rose Maria Muraro (1996), Uta Ranke-Heinemann é considerada a maior teóloga do mundo e sua obra trouxe uma contribuição incalculável à história da sexualidade humana. Em quase quatrocentas páginas, a autora faz uma pesquisa monumental sobre as regras e virtudes da Igreja no que diz respeito à sexualidade feminina, que vai desde as raízes pré-cristãs até os dias de hoje. O livro evidencia a

filosofia e a teologia de Agostinho e Tomás de Aquino, pensadores que foram os grandes inspiradores da teologia na Idade Média e Moderna. Desse modo, na teologia da Antiguidade, prevaleceu a noção de Aristóteles de que o feto masculino só adquiria alma depois de quarenta dias da concepção e o feto feminino somente depois dos noventa dias. Essa diferença temporal não se remetia somente a uma questão temporal, mas de qualidade humana, uma vez que a alma era imprimida primeiro no homem e depois na mulher, de modo que a essência da humanidade era vista como algo mais masculino do que feminino. Essas noções mostram que os enunciados teológicos, produzidos sob a ótica masculina e em contextos patriarcais, desde a Antiguidade foram construindo o feminino como o "Outro", ou o feminino como negativo e inferior, na relação com a supremacia do masculino como sujeito. E o fato de algumas teólogas fazerem essa leitura crítica mostra que, ainda que mais tarde, elas participaram da crítica que o feminismo da igualdade e da diferença, da década de 1970, fazia aos discursos masculinos e aos seus efeitos, em seus diferentes campos científicos.

Para a antropóloga Héritier (1996) o discurso simbólico, presente no pensamento grego, teve grande influência no pensamento cristão, sobretudo por meio de Agostinho[11]. Na visão da autora, esse pensador considerava que mulher era desqualificada para qualquer atividade que se relacionasse ao uso da mente e da intelectualidade, pois a sua utilidade era exclusivamente para a e reprodução. O teólogo Tomás de Aquino, bem mais tarde (1225-1274), compartilhava dessa mesma visão (HÉRITIER, 1996). Essa concepção parece mostrar que a tradição cristã da igreja primiti-

---

grande originalidade e erudição da autora e tornou-se um dos mais importantes do nosso tempo na área da sexualidade.

[11] Assim como Françoise Héritier (1996), Ranke-Heinemann (1996, 88) menciona que Agostinho (420 d.C.) foi o pensador teológico que postulou caminhos não só para os séculos, mas para o milênio. As posições que ele assumiu influenciaram também os grandes teólogos medievais como São Tomás de Aquino (1274) e o puritanismo da França no século XVII e XVIII. Sua autoridade sobre a moral sexual foi avassaladora, sobretudo por separar o amor da sexualidade.

va e da Idade Média legitimou a perpetuação do sexo masculino nas instâncias de poder eclesial, tanto na organização interna da Igreja como no campo intelectual, da construção do saber e do ensino bíblico-teológico. Esses lugares de enunciação permitiram a reiteração de um conhecimento sobre o feminino sem que este fosse questionado, porque os sujeitos da enunciação eram considerados os "representantes" da ordem divina. Com isso, os escritos bíblicos, resultado de uma visão androcêntrica, legitimaram a hierarquia de sexos e a invisibilidade das mulheres no serviço de liderança no meio eclesial. Apesar de o apóstolo Paulo incluir algumas mulheres na liderança e na organização das comunidades cristãs, manteve-se dentro da ordem patriarcal. Paulo, em alguns de seus relatos, mencionou como deveria ser a conduta das mulheres durante as celebrações. Contudo, com o decorrer do tempo, a figura da mulher pregadora foi desaparecendo do cenário eclesiástico (RANKE-HEINEMANN, 1996).

> Do ponto de vista da Igreja, a melhor mulher é a de quem menos se fala, menos se olha e menos se ouve falar. Assim o regulamento de Paulo sobre o penteado das mulheres foi transformado num capuz mágico, sob o qual se conseguiu fazer a mulher desaparecer inteiramente. De todos os regulamentos bíblicos datados no Novo Testamento, a Igreja católica preservou com mais diligência e multiplicou os que diminuíam a condição ou o *status* da mulher (RANKE-HEINEMANN, 1996, 142).

Isso mostra concretamente como o cânone oficial do saber teológico foi sendo instituído e se fez legitimar, por meio de discursos selecionados que se colocavam em acordo com os interesses da subjetividade masculina, deixando as mulheres na condição de não sujeito, o "outro" do mesmo. Segundo Ranke-Heinemann (1996), já nos primórdios do cristianismo, com a teologia prática dos "Padres da Igreja"[12] ou do período da Patrística, as mulheres foram rapidamente afastadas da esfera da Igreja e do sagrado.

---

[12] Os Padres da Igreja (Patrística) são considerados os "grandes homens da Igreja" do século II ao século VII, os quais foram como que "Pais" da Igreja, porque

As constituições apostólicas não permitiam que elas ocupassem postos na Igreja. Assim, nota-se que essas constituições tiveram grande influência e poder *performativo*, uma vez que se alegava terem sido elaboradas pelos apóstolos, atribuindo-lhes uma força simbólica que não podia ser questionada. Por volta do ano de 1140, incorporou-se uma norma do *Decreto de Graciano*[13], que permaneceu até a contemporaneidade, a qual dizia o seguinte:

[...] não permitimos que as mulheres exerçam o ofício do ensino na Igreja; pelo contrário, devem simplesmente rezar e ouvir os mestres. Para nós, o próprio Mestre e Senhor Jesus só nos enviou os Doze apóstolos para ensinar o povo. Mas nunca enviou mulheres, embora essas não faltassem. Pois a mãe do Senhor estava conosco, sua irmã, Maria Madalena, Maria, a mãe de Tiago, Marta e Maria, as irmãs de Lázaro, Salomé e muitas outras. Se tivesse sido conveniente, ele as teria chamado por conta própria (RANKE-HEINEMANN, 1996, 145).

O conteúdo desse discurso produzido, segundo uma visão masculina e repetido inúmeras vezes nas ações eclesiais, por esses mesmos sujeitos evidentemente exerceu um poder performativo, submetendo as mulheres à condição do "outro", ou seja, a um não sujeito da enunciação.

Essa reiteração discursiva e simbólica produziu relações sociais de gênero desiguais, uma vez que "elas tinham que ficar quietas durante os rituais litúrgicos das Igrejas, podendo somente mover os lábios sem emitir som algum, de sorte que nada do que repetiam podia ser ouvido, ou seja, eram silenciadas" (RANKE-HEINEMANN, 1996, 146). Essa conduta dos "homens da Igreja",

---

firmaram os conceitos da fé cristã e, de certa forma, foram responsáveis pelo que se denomina de Tradição da Igreja.

[13] De acordo com Bernard Häring (1960), o *Decreto de Graciano*, que leva o nome do canonista italiano do século XII, é uma obra publicada nos anos de 1140 a 1150, com o título de *Decretum Gratiani*, o qual se constituiu o livro canônico mais usado até a publicação do *Código de Direito Canônico*, no século XIX. Assim, o *Decreto de Graciano* foi uma primeira tentativa de sistematização do *Direito Canônico* da Igreja, no qual se encontra o conjunto das normas que regulam a vida na comunidade eclesial.

que reproduziam a cultura patriarcal, não estaria revelando o medo "invisível" do potencial das mulheres que podia ameaçar uma posição de poder legitimada?

Segundo Ranke-Heinemann (1996), o fato de os homens serem os sujeitos da construção da doutrina católica ou do discurso teológico fez com que eles fossem assumindo um olhar seletivo para a interpretação das narrativas bíblicas. Assim, as que apontavam maior protagonismo das mulheres, no processo da evangelização, praticamente não foram enfatizadas ou mencionadas, como os relatos dos evangelhos de Lucas 16,1-8, ou Mateus 28,1-10, em que, após a ressurreição, Jesus aparece às mulheres Maria Madalena, Maria, mãe de Tiago e Salomé, e as envia para anunciar aos seus discípulos que ele os encontraria na região da Galileia[14].

Essas e outras narrativas foram retomadas e aprofundadas somente no final do século XX, quando as mulheres se tornaram sujeitos de saber teológico. Elas fizeram uma releitura do saber bíblico-teológico, à luz da experiência das mulheres, dentro das comunidades de fé e das contribuições que vinham da teoria feminista e dos estudos de gênero, como uma estratégia política de visibilização da contribuição histórica do universo feminino para o cristianismo[15].

Ranke-Heinemann (1996) mostra que os homens teólogos assimilaram as ideias de Agostinho de que as mulheres, para a vida intelectual dos homens, não tinham nenhum significado. Tomás de Aquino, assim como Agostinho, acreditava que o contato com mulheres degradava o espírito dos homens. Segundo Londa Schienbinger (2001), esse era um pensamento influenciado pela cultura, uma vez que a antiga tradição hebraica sustentava o imaginário que, por meio do contato com as mulheres, os homens

---

[14] A ação de Jesus questionava as regras culturais da religião judaica e, no seu "movimento", as mulheres não eram tidas como figuras marginais, uma vez que exerciam a liderança de apóstolas, profetisas, evangelistas e missionárias.

[15] No próximo capítulo, vamos aprofundar na trajetória e nos fundamentos da teologia elaborada pelas mulheres.

perdiam o poder da profecia. E isso explica por que na Idade Média a vida intelectual era uma vida celibatária e acontecia nos mosteiros, os quais influenciaram o surgimento das universidades. Nesse contexto, ser gênio consistia em dormir pouco e não praticar sexo (SCHIENBINGER, 2001).

Para tornar visíveis as razões da exclusão e discriminação do feminino nas instâncias eclesiais, Ranke-Heinemann retoma os discursos teológicos sobre as mulheres, produzidos por Tomás de Aquino, um dos mais importantes teólogos da Igreja católica, em sua importante obra *Suma Teológica*. Como se pode observar, no fragmento abaixo, trata-se de um discurso que produz o efeito de uma crença naturalizada da suposta inferioridade das mulheres em relação à sua capacidade intelectual.

> As mulheres têm menos vigor físico e intelectual do que os homens. O homem tem "uma razão mais perfeita" e uma "virtude mais forte" do que as mulheres. Em decorrência da "deficiência em sua capacidade de raciocínio", que também é "evidente em crianças e doentes mentais". Sendo de capacidade inferior não podiam servir de testemunho em assuntos testamentários (AQUINO, 1980 apud RANKE-HEINEMANN, 1996, 208-209).

Observa-se toda uma construção negativa em torno do feminino no pensamento de Tomás de Aquino, um autor clássico muito estudado nas instituições católicas de ensino teológico, inclusive na contemporaneidade. Suas ideias, em relação ao universo feminino, se configuram como prática discursiva, no sentido de Foucault (1999a), com poder de naturalizar a suposta inferioridade intelectual das mulheres, a partir de uma determinada leitura da diferença biológica dos sexos. Trata-se de um discurso que materializou e naturalizou práticas sociais discriminatórias, em que as mulheres não podiam ascender aos espaços de liderança no campo eclesial, porque se acreditava que elas eram inferiores, cuja realidade era dada pela natureza de seu sexo, como aparece nesse fragmento do pensamento de Tomás de Aquino:

A igualdade entre os dois sexos existe no plano da graça e da salvação, mas não no plano da natureza, pois a virtude ativa que se encontra na semente do macho visa produzir algo que se assemelhe em perfeição ao sexo masculino. Se por acaso uma mulher for gerada, é em função da fraqueza dessa virtude ativa ou de alguma má disposição da matéria, ou até de alguma transmutação vinda do exterior. [...] O sexo feminino não pode significar superioridade em nada, porque o estado da mulher é sujeição. Ela não pode, portanto, receber o sacramento da ordem (AQUINO, *Suma Teológica*, v. 2, 1980, q. 92, art. I)[16].

Ao sustentar a ideia de que as mulheres estariam em um estado de subordinação e de inferioridade, justificava-se a sua incapacidade para o serviço ordenado. Ou seja, essa subordinação aos homens era, para Tomás de Aquino, o verdadeiro motivo para negar às mulheres qualquer ofício eclesial, como analisa uma teóloga feminista norte-americana.

O afastamento das mulheres da liderança e da teologia eclesiais foi realizado por meio da domesticação da mulher, sob a autoridade masculina. [...] De mãos dadas com essa eliminação e com a repressão de elementos emancipatórios dentro da Igreja, apresentava-se a justificação teológica da supressão da liderança feminina e da patriarcalização do ofício eclesial. A trajetória da tradição paulina, que exige a submissão da mulher, por motivos teológicos, é um reflexo dessa evolução patriarcal e reacionária da Igreja cristã (FIORENZA, 1995, 99).

No século XX, antes do *Concílio Vaticano II*, a proibição das mulheres de servirem ao altar foi mantida. Essa proibição, em 1917, foi apoiada no livro das leis da Igreja, pois o *Código de Direito Canônico*[17], em seu cânone 813, parágrafo dois, assim expressava: "a mulher não pode ministrar. Só se admite exceção se não dispuser de um homem e houver um bom motivo. Mas as mulheres não

---

[16] Essa obra é citada dessa forma por conta das várias traduções que existem, a fim de que o leitor se oriente pelo número do volume, questão e artigo.

[17] O direito canônico reúne o conjunto das normas que regulam a vida na comunidade eclesial.

podem em caso algum subir ao altar e só podem dar respostas de longe" (RANKE-HEINEMANN, 1996, 145). O novo *Código de Direito Canônico*, que está em vigor desde 1983, apresenta um aparente progresso no que se refere à participação das mulheres nos rituais litúrgicos. Assim, o cânone 906 diz que se "exige a participação de um dos fiéis" na celebração da missa. Segundo Ranke-Heinemann, o fato de não definir o sexo do fiel, isso aparentemente acabou com a proibição das mulheres em auxiliar os clérigos nas celebrações litúrgicas. Convém lembrar que, nessa época, as mulheres, mesmo que em número reduzido, já haviam conquistado o direito de acesso à formação teológica, nos cursos regulares, antes destinada somente aos homens celibatários como critério para a ordenação sacerdotal. Ou seja, nesse período houve todo um contexto sociocultural que trouxe mudanças significativas para o conjunto das mulheres na sociedade.

Se olharmos para a trajetória histórica, e considerando a repressão, a difamação e a demonização das mulheres, que se evidencia no discurso teológico da moralidade católica[18], pode-se pensar que a história da Igreja faz parte de um longo e arbitrário despotismo masculino sobre o sexo feminino, ou, nas palavras de Ranke-Heinemann (1996, 140), "a história do cristianismo é quase a história de como as mulheres foram silenciadas e privadas dos seus direitos". Em certa medida, isso parece ter vínculo ou ser uma das razões da ausência histórica das mulheres em instâncias de liderança na hierarquia eclesial, no Ensino Superior e na produção teológica e, na atualidade, pode explicar a presença reduzi-

---

[18] Segundo Japiassu (2011), o discurso dos Padres da Igreja primitiva são exemplos desse processo de demonização das mulheres. Tertuliano se dirigia às mulheres dizendo que a sentença de Deus reinava sobre o sexo delas e que elas eram a porta do demônio. Para Lactânio, a mulher era agente do demônio. João Crisóstomo afirmava que "um dia a mulher deu seus conselhos e estragou tudo". Ela seduzia o homem com o seu corpo feminino, que era um sepulcro caiado. Desse modo, Japiassu mostra que desde o seu início, o cristianismo criou uma tradição de misoginia sem precedentes e inigualáveis. Essa tradição dominou toda a Europa durante a Idade Média, o Renascimento e também na Era Moderna.

da nos quadros da docência[19]. Tal realidade, em parte, é resultado da reprodução de um discurso masculino, fundado na herança do pensamento grego e da moral judaico-cristã, que funcionou como uma *tecnologia de gênero*, trazendo enormes prejuízos para a vida concreta das mulheres. De modo que a reiteração da teologia moral, constituída sob o imperativo de uma cultura dicotômica, em que os valores e as normas se fundavam em sistema simbólico masculino, serviu para materializar o feminino de maneira negativa e estruturar todas as práticas institucionais e eclesiais para cada sexo, até praticamente os anos recentes.

Dentro da lógica em que a racionalidade era pensada como uma essência masculina, as mulheres que se destacavam pela divulgação de saberes cotidianos, relacionados à culinária, às práticas medicinais que se opunham à ordem do "saber legítimo", as que se projetavam pela sua intelectualidade e capacidade de liderança e que ousavam pensar de forma diferente do conhecimento instituído no cânone eclesial da ordem androcêntrica eram consideradas bruxas ou feiticeiras[20], condenadas à fogueira pela inquisição[21], silenciadas, reprimidas ou colocadas no "seu lugar", ou melhor, no lugar que os homens designavam para as mulheres. Uma das grandes vozes silenciadas na América Latina foi a

---

[19] Detalhes sobre a participação feminina na docência em teologia, consultar Furlin (2014).

[20] Sobre o conhecimento produzido pelas "bruxas" e feiticeiras e a sua perseguição, a partir de uma leitura em perspectiva de gênero, consultar Graf (2011).

[21] Entre as mulheres queimadas vivas pela Inquisição, encontramos Joana d'Arc. De origem francesa, foi uma das mulheres mais fortes e guerreiras que o mundo já conheceu. Quando adolescente, presenciou a morte de membros de sua família pelos ingleses. Desde seus 13 anos dizia ouvir vozes divinas que a orientava a entrar no exército francês para defender o seu reino contra a Inglaterra. Vestia-se com roupas masculinas e começou a fazer treinamento militar. Conseguiu convencer o rei a lhe entregar um exército com o objetivo de libertar Orléans e, no seu comando, as tropas foram vitoriosas. Em 1430, durante uma batalha em Paris, foi ferida e capturada pelos borgonheses que a venderam para os ingleses. Foi acusada de praticar feitiçaria, em função de suas visões, e condenada pela inquisição à morte na fogueira. Depois de quase 500 anos de sua morte, em maio de 1920, o papa Bento XV reconheceu as boas intenções de Joana d'Arc e a canonizou como Santa Joana d'Arc. Disponível em: <http://www.suapesquisa.com/biografias/joana_darc.htm>.

da religiosa católica, poetisa e literata mexicana Sóror Juana de la Cruz[22], que viveu no século XVII. Ela foi uma grande defensora das mulheres e, em um tempo em que elas não estudavam, propôs corajosamente que se criassem escolas para as mulheres, argumentando que "nem a tolice é exclusiva das mulheres e nem a inteligência é privilégio dos homens". Por sua luta em favor da capacidade intelectual das mulheres e do direito delas de se educarem em todas as áreas de saber, ela foi considerada uma precursora do feminismo (PAZ, 1998)[23]. Sua fama intelectual ganhava espaço junto às altas personalidades de seu tempo. Sua perseguição começou quando, em uma rara incursão pela teologia, escreveu uma carta criticando o sermão de Padre Antônio Vieira e, como na época teologia e política andavam juntas, ao atacar o padre, atacou também um dos grandes políticos. Um de seus perseguidores foi seu próprio confessor, o jesuíta Nuñes de Miranda, que a recriminava por escrever, uma vez que ele acreditava que esta era uma atividade puramente masculina. Sóror Juana foi obrigada a dedicar-se à religião na vida de penitência, desfazendo-se de sua biblioteca. Ou seja, ela foi obrigada a silenciar e a negar seu potencial intelectual, para assumir uma posição de invisibilidade ou o lugar que a hierarquia da Igreja legitimava como feminino.

Além de práticas de discriminação sexista, de quem pode ou não exercer a atividade intelectual, nesse exemplo nota-se a existência de um controle político sobre o pensamento das mulheres, quando elas se estabelecem como sujeitos de enunciação, dentro do universo católico. Desde a cristandade, elas foram afastadas da reflexão teológica clássica, porque essa tarefa era considerada

---

[22] Segundo Octavio Paz (1998), Sóror Juana Inés de la Cruz amava os livros e era uma autodidata. Pensou até em vestir-se de homem para frequentar a universidade, cujo privilégio na sua época era somente para os homens. Acabou indo para um convento, pois, no contexto de seu tempo, só como freira poderia realizar o seu projeto intelectual.

[23] Isso porque ela adiantou em 200 anos ideias sobre a igualdade entre homens e mulheres e as lutas que depois foram protagonizadas pelo movimento e pelas teorias feministas. Para muitas feministas, ela é considerada a patrona das feministas da América Latina (GEBARA, 2004).

exclusivamente de direito dos varões. Segundo Héritier (1996), o pensamento grego não só produziu a discriminação das mulheres e a hierarquização das relações de gênero no âmbito eclesial, mas condicionou toda a cultura ocidental. Nessa dinâmica, de acordo com a autora, o discurso cultural, herdado de Aristóteles, baseou-se nas diferenças biológicas, na pretensa natureza eterna, em uma relação social instituída, legitimando simbolicamente o gênero masculino como base "natural" e universal para todas as coisas. O masculino era a norma imperativa, podia interpretar e criar a ordem social.

Nesse contexto, as mulheres não tinham acesso às universidades, poucas aprendiam o latim, que era a língua teológica, e jamais se imaginava mulheres ensinando teologia. Essa questão estava tão impregnada na cultura que pode ser ilustrada com o caso de Elena Lucrezia Cornaro Piscópia, a primeira mulher a doutorar-se na Europa, em 1678[24]. Elena era filha de um ilustre procurador italiano, que vivia na cidade de Veneza. Desde a infância, seu pai a incentivava a estudar gramática, línguas, matemática e música[25]. Aos 26 anos, foi para Pádua para continuar seus estudos em filosofia, dialética, astronomia e, sobretudo, teologia. Seu pai, desejando ter reconhecimento público da erudição de sua filha, pediu ao reitor da Universidade de Pádua[26] que fosse permitido a Elena Lucrezia defender uma tese em teologia. Contudo, a autoridade eclesiástica, na pessoa do cardeal Barbarigo, que era o bispo de Pádua e chanceler da Faculdade de Teologia da Universidade, negou-lhe essa possibilidade. E, baseado em uma compreensão do que seria o papel social para as mulheres na época, respondeu:

---

[24] Segundo Schienbinger (2001, 61), depois de Elena Cornaro Piscópia, doutora em Filosofia e agraciada com uma cadeira na universidade, a segunda mulher na Europa a receber um grau universitário foi a física Laura Bassi.

[25] Aos 20 anos Elena Lucrezia sabia cantar, tocar, falar e traduzir quatro línguas modernas e cinco línguas clássicas, incluindo o hebreu, o árabe e o caldeu (LAURETIS, 2000a).

[26] Uma das mais reconhecidas na época, fundada em 1222. Ali estudou Galileu Galilei.

"Como? Uma mulher doutora e professora de teologia? Nunca! [...] A mulher está destinada à maternidade e não ao conhecimento" (LAURETIS, 2000a, 13). No entanto, levando em consideração a influência que a universidade poderia ter, por se tratar da filha de um ilustre senhor, permitiram que, ao menos, Elena Lucrezia fizesse doutorado em filosofia[27]. Esse exemplo mostra a existência de uma cultura em que o poder do pensamento teológico era propriedade, exclusivamente, masculina. Uma cultura sustentada por representações de gênero ou por um simbólico linguístico que hierarquizava os papéis sociais para mulheres e homens e fazia parecer que o sexo feminino era naturalmente considerado despossuído de propriedade intelectual para determinados saberes. Assim, no lugar da "diferença" elas eram somente consideradas o "outro", as irrepresentáveis e desqualificadas.

2.1. VOZES DISSIDENTES OU SUBJETIVIDADES QUE ESCAPAM

As práticas discursivas e institucionais, que estabeleciam limites para a subjetividade feminina, não puderam conter a liderança e a voz de todas as mulheres ao longo da história. Na Idade Média, algumas delas exerceram um poder considerável como abadessas e governavam mosteiros e distritos da Igreja, que integravam homens e mulheres (COMBLIN, 2003). Outras ingressaram em movimentos de reforma assumindo a liderança, o que representava certa ameaça para a ordem institucional da Igreja. De acordo com a teóloga Fiorenza (1995), esses movimentos eram os valdenses e os anabatistas.

---

[27] Elena Lucrezia tinha 32 anos. Segundo Lauretis (2000a), seu biógrafo relata que ela possuía um assombroso conhecimento e profundidade cultural, que a fazia fugir de sua modéstia, a ponto de seu confessor apelasse para que vivesse na humildade e na submissão, o que mostra o controle dos homens sobre o conhecimento das mulheres. Seu biógrafo registra que seu exame de doutorado foi brilhante. O grande auditório estava repleto de personagens importantes da Itália e de um grande número de estudiosos vindos de diversas universidades, todos desejosos de ver e ouvir a primeira mulher que aspirava ao mais alto título acadêmico.

A liderança das mulheres, nesses espaços, representava certa ameaça à ordem institucional patriarcal, a ponto de a ação delas ser desqualificada por aqueles que se sentiam os verdadeiros sujeitos do discurso religioso[28]. Nesse sentido, amparada nas concepções teóricas de Foucault (2007b) e de Butler (2009b), poder-se-ia dizer que essas mulheres, na época, exerciam uma *agência ética*, por se oporem a uma lógica de gênero que as desqualificavam intelectualmente, afirmando-se de maneira positiva em sua capacidade de liderança e de produção. Isso porque outras, ainda, produziram reflexões teológicas ao lado da teologia masculina das universidades, ou seja, havia mulheres que se constituíam sujeitos de enunciação nas fronteiras do instituído e adentravam o discurso cristão, ocupando algumas "brechas"[29] que, nesse caso, era o da teologia mística e da teologia popular. Elas foram ocupando esses e outros lugares de produção de saberes e de constituição de si, como um sujeito feminino de enunciação, também dotado de atributos cognitivos. Contudo, nas grandes narrativas da história teológica, pautada na ordem simbólica masculina, elas eram invisibilizadas[30], não existindo como sujeitos a não ser como "o outro" do sujeito humano (masculino), em que a diferença era marcada de maneira negativa, ou não representativa.

A história mostra que o discurso simbólico, que colocava as mulheres às margens dos processos de produção do saber, não conseguiu conter, em todas as situações, a emergência das mulheres, uma vez que sempre existiram vozes femininas que elaboraram tratados significativos de teologia. Vozes que, certamente, desnaturalizavam determinados significados de gênero ou a suposta

---

[28] Segundo Fiorenza (1995), isso se refletiu na declaração de um bispo que se queixava que aquelas mulheres eram ociosas, vagabundas e mexeriqueiras e que se recusavam a obedecer aos homens.

[29] Com o termo "brechas", entende-se a concessão de espaços pequenos ou invisíveis, ou que se dão pelas bordas do instituído.

[30] Nesse sentido, Lauretis (2000a) menciona que, no Renascimento, as escritoras, ao menos na Itália, eram, em geral, monjas ou mulheres da Corte, provenientes de famílias nobres ou cultas.

inferioridade intelectual das mulheres. Vozes que não puderam entrar no cânone da doutrina oficial da Igreja não porque não tivessem profundidade intelectual, mas porque os sujeitos hegemônicos da hierarquia masculina, responsáveis para salvaguardar a ordem cultural patriarcal, no interior das instituições eclesiais, consideravam esses tratados teológicos "inferiores", uma vez que a produção teológica não era considerada uma atividade "natural" para as mulheres.

Tais dinâmicas revelam a existência de um poder discursivo que controlava o pensamento das mulheres e a sua emergência como sujeito feminino de saber, em um lugar que "não era para elas". Contudo, mesmo invisibilizadas pela ordem simbólica masculina, as mulheres criaram espaços dentro da experiência religiosa que podem ser vistos como exceções, mas que revelam a resistência e os pontos de enunciação da rebeldia, da discordância ou da adesão e da obediência. Mulheres que enfrentaram os impedimentos dogmáticos e chegaram a ser reconhecidas, tendo formas de expressão significativas na história da Igreja. Tomamos como exemplo as beguinas, mulheres medievais do século XII que ousaram viver a vida religiosa fora dos claustros e distantes da hierarquia clerical, entre elas a abadessa beneditina Hildegard de Bingen, que viveu no século XII e se destacou como mística, teóloga, compositora, pregadora, naturalista, médica informal, poetisa, dramaturga e escritora alemã (SARANYANA, 1999).

Entretanto, o pensamento teológico-cristão das mulheres só foi valorizado pela Igreja, recentemente, isto é, após o Concílio Vaticano II, sob a influência dos novos contextos socioculturais. Entre outras, fazemos menção à Santa Teresa D'Ávila, que viveu no século XIV e foi considerada uma das maiores mestras da espiritualidade católica, deixando obras de grande valor. Pelo valor teórico de seus escritos, ela foi declarada, junto com Santa Catarina de Siena[31], doutora da Igreja, em 1970, pelo papa Paulo VI.

---

[31] Catarina viveu no século XII (1347-1380), mas o valor de seu trabalho e a sua atividade eclesial só foram reconhecidos no final do século XX. Ela era analfabeta,

Em 1997, João Paulo II declarou Santa Teresa de Lisieux[32] doutora da Igreja. Uma das últimas mulheres a ser declarada doutora da Igreja Universal foi Hildegard de Bingen, em outubro de 2012, pelo papa Bento XVI. Além dessas mulheres, outras tiveram um protagonismo inovador no seio da Igreja, como Santa Clara de Assis, que viveu entre os anos 1193 e 1253, na Itália. Ela foi uma das primeiras mulheres a escrever uma regra de vida para seu instituto de vida consagrada[33]. Isso mostra que muitas mulheres construíram história no cristianismo como sujeitos de enunciação, mesmo sendo invisibilizadas pela estrutura eclesial que priorizava as ações do sujeito masculino. Ou seja, desde as margens do poder simbólico, essas mulheres criaram suas estratégias de resistência, de reflexividade e de liberdade, produzindo-se sujeitos femininos de saber e assumindo certo protagonismo e agenciamento histórico.

2.2. A PERMANÊNCIA DA FORÇA SIMBÓLICA NA PRODUÇÃO DAS SUBJETIVIDADES FEMININAS

O Concílio Vaticano II protagonizou pequenas mudanças ao considerar as mulheres sujeitos eclesiais emergentes. Vale lem-

---

mas ditou mais de 300 cartas endereçadas a diferentes categorias de pessoas – papas, reis, líderes e ao povo humilde. Lutava pela unificação da Igreja e a pacificação dos Estados Papais. Uma das suas obras ditadas, *Diálogo sobre a divina providência*, é, ainda hoje, considerada um dos maiores testemunhos do misticismo cristão e uma exposição clara de suas ideias teológicas e espirituais. Catarina de Siena usou regularmente a estratégia de jejum para não se casar, para ser capaz de juntar-se à ordem terciária e desafiar o papa. Tal estratégia era usada pelas mulheres da época para alcançarem seus direitos, ou seja, era uma maneira de levantar-se contra a condição social de obediência aos padrões culturais para buscar a própria independência (LERNER, 1993).

[32] Segundo Monika Maria Stocker (2000), Teresa de Lisieux não deixou grandes teorias escritas, mas transformou a sua teoria em vida, em evangelho vivo. Muitos teólogos dizem que é muito difícil separar vida, doutrina e mensagem em Teresa, já que não existe uma mínima brecha entre essas três dimensões; tudo é uma coisa só.

[33] Na época apenas era permitido aos homens escreverem a regra de vida para as congregações religiosas femininas.

brar que elas aparecem como sujeitos em espaços em que se exerce um poder menor, sobretudo nas práticas pastorais das Igrejas.

Entretanto, essas pequenas mudanças não deslegitimaram o poder do pensamento de Tomás de Aquino e de Agostinho, que, segundo Ranke-Heinemann (1996), continuou sendo autoridade nos discursos teológicos, sobretudo no da moral sexual e que, sem dúvida, continua produzindo efeitos na vida das mulheres que abraçam o catolicismo. Por mais que o papa João Paulo II tenha amenizado alguns efeitos da teologia moral histórica, ela se manteve na linha do pensamento agostiniano. Para essa teóloga, somente o progresso da medicina amenizou os efeitos dessa teologia sobre a vida e a sexualidade das mulheres, cuja questão também foi abordada por Michel Foucault (1999b) em seu livro *História da sexualidade*.

Outro aspecto que a literatura da Teologia Feminista levanta é sobre a predominância de imagens masculinas da divindade nos discursos teológicos, os quais geram efeitos de poder nas relações de gênero. Ivone Gebara argumenta que o acento dado à simbologia masculina nas culturas ocidentais é anterior às elaborações teológicas, uma vez que estas foram elaboradas a partir de dados culturais. "A cultura e a política patriarcal sempre relegaram às mulheres papéis secundários nas grandes decisões políticas e sociais, assim como nas produções do pensamento" (GEBARA, 2006b, 140). Para essa teóloga, isso se reproduz no universo eclesial, já que, nos discursos teológicos, algumas imagens simbólicas, como é o caso da divindade masculina, ajudaram a legitimar a superioridade masculina, tornando as hierarquias "normais" e "abençoadas por Deus".

Nota-se que a produção do feminino como inferior e a estruturação da desigualdade de gênero foi se naturalizando e tornando-se legítima pela força do poder da linguagem, inscrita nas representações simbólicas. Estas enfatizavam os atributos masculinos da imagem de Deus, como o Senhor dos senhores, o Juiz dos juízes, o Rei dos reis, o Todo-Poderoso, cuja vontade devia ser obedecida, o Deus forte que sabe e vê tudo. Para a teóloga Mary Daly (1986), a imagem do Deus patriarca permitiu projetar os valores do patriarcalismo dentro dos dogmas da Igreja, o que torna mais difícil a mudança desses valores. Evidentemente, essas referências masculinas da divindade legitimavam as estruturas patriarcais para além do universo eclesial, por estarem incorporadas na cultura. Isso mostra, concretamente, que o universo simbólico não é uma construção neutra, e sendo produzido por uma elite masculina celibatária, nos termos de Gebara (2008), ou por uma *intelligentsia* masculina, esses sujeitos falam, escrevem e pensam a partir de um determinado "lugar social", expondo, assim, os seus engajamentos, os seus valores e as suas crenças culturais (MANNHEIM, 1976). E, considerando a posição de gênero do sujeito do conhecimento, as suas crenças sobre essas relações e valores também orientaram a construção do simbólico, as interpretações dos textos bíblicos a produção e a legitimidade dos discursos em favor de seus interesses, como já mostraram os estudos de Schienbinger (2001), Felski (1995) e Harding (1996), já mencionados nesta obra.

Os estudos feministas no campo da teologia têm mostrado como o discurso teológico tradicional e masculino ressaltou os "mitos bíblicos" femininos que subordinavam as mulheres ao gênero masculino. De acordo com Héritier (1996, 208),

> os mitos legitimam a ordem social, no entanto nem todas as sociedades elaboram mitologias propriamente ditas para fundar o domínio masculino, para dar-lhe um sentido. Mas todas têm um discurso ideológico, um corpo de pensamento, com a mesma função de justificar a supremacia masculina do homem aos olhos de todos os membros de uma sociedade, tanto de homens como de mulheres, que participam de uma mesma ideologia inculcada desde a tenra idade.

No universo eclesial, os "mitos bíblicos", enfatizados pelo discurso teológico tradicional, justificavam a superioridade masculina e naturalizavam a ideia de que a função social das mulheres era exclusivamente a da reprodução biológica. Outros mitos associavam as mulheres ao pecado, ou seja, como as responsáveis pela tentação dos homens ao pecado. Aqui, as mulheres eram vinculadas à imagem de Eva, que se inscreve no mito da criação. Assim, praticamente até o Vaticano II se reproduziu a ideia de que a queda da humanidade havia sido iniciada pela mulher, com a expulsão do Paraíso, por culpa de Eva[34]. Já em relação à imagem de Maria de Nazaré, a teologia masculina enfatizou somente algumas características, como: "mãe de Deus", "mãe virginal" e "serva de Deus". Por exemplo, as virtudes de Maria, destacadas na Mariologia[35] masculina, a partir de uma determinada leitura dos evangelhos, são a de uma Maria jovem pura, ingênua na sexualidade, serva obediente, submissa, a mãe aflita com o filho, a Maria do silêncio, que suporta o sofrimento sem reclamar (BRANCHER, 2009).

Evidentemente, esse discurso simbólico e masculino legitimava a cultura patriarcal, por se constituir como um dispositivo poderoso de poder, fundado na ordem do sagrado, fazendo parecer que era da vontade divina que a função das mulheres estivesse vinculada à reprodução, à submissão e ao silêncio. Nessa leitura, era a diferença biológica, associada à imagem de Maria como mãe, que orientava o comportamento e os papéis sociais para o universo feminino, segundo os interesses da cultura patriarcal.

Na visão da teóloga Mercedes Brancher (2009), esse modelo de mulher atendia mais aos desejos sonhados pelo *kyriarcado*[36]. Já,

---

[34] Cf. Gênesis, cap. 3.

[35] Refere-se ao conjunto de estudos teológicos da Igreja católica sobre Maria, a Mãe de Jesus, que compreende uma vasta produção bibliográfica, visando salientar a figura feminina de Maria e a relação de fé dos fiéis com ela.

[36] O termo *kyriarquia* foi criado pela teóloga feminista Elisabeth Schüssler Fiorenza, cuja expressão vem da palavra grega *kýrios* que significa "dono", "senhor de escravos", "pai de família", e da palavra *archein* que se remete ao termo "dominar ou governar". Assim, para Fiorenza (2009, 28), *kyriarquia* é um "sistema sociopolítico de dominação, no qual uma elite de homens educados e de posse mantém o poder sobre mulheres e outros homens. *Kyriarquia* é teorizado melhor como um sistema complexo e piramidal de estruturas sociais multiplicativas que se cruzam de supremacia e subordinação, de domínio e opressão". Para essa teóloga, o patriarcado ocidental é ainda um *kyriarcado*, uma vez que, em geral, os que assumem o poder e continuam articulando a exploração das mulheres são um grupo de homens, brancos, proprietários e pertencente a uma elite.

a teóloga feminista Elisabeth Schüssler Fiorenza (2000, 231) menciona que "a supremacia do masculino no controle da mariologia cria uma imagem sociocultural do feminino que santifica a marginalização e a exploração das mulheres". De acordo com essas concepções, considera-se que os discursos simbólicos associados ao universo do "sagrado" facilmente podiam ser incorporados na subjetividade de muitas mulheres e, certamente, elas mesmas desejavam seguir o "modelo de santidade" que lhes era proposto, como uma forma de protagonismo cristão. Com isso, elas se tornavam cúmplices dessas relações de poder e coparticipavam na reprodução de um sistema de valores que era de interesse do sistema patriarcal, isto é, de um feminino dependente e submisso ao masculino.

A teóloga Fiorenza (2000) problematiza e critica esses discursos simbólicos, mostrando como, ao se evocar o mito "Mãe de Deus", automaticamente se definia que a missão primeira das mulheres estava vinculada a um corpo com a capacidade biológica para a maternidade. O mito de "Mãe virginal" era evocado para dividir as mulheres no interior da comunidade católica, uma vez que não se podia ser, ao mesmo tempo, virgem e mãe, de modo que, a partir dessa "leitura biológica" sobre os corpos, umas estavam destinadas a consumir a própria "natureza" pela maternidade e outras a transcendiam pela vida casta e "virginal". Nessa leitura, Fiorenza parece apontar a força do simbólico ou o poder da linguagem (mitos) na produção de uma subjetividade feminina, vinculada a papéis sociais de gênero, que eram justificados pela diferença biológica dos corpos. Essa posição aproxima Fiorenza das feministas pós-estruturalistas, como Joan Scott (1990), para a qual os símbolos culturalmente disponíveis evocam representações que produzem o gênero.

Nessa perspectiva do poder, inscrito na linguagem e no simbólico, Fiorenza mostra, ainda, que, por meio da evocação de "Maria Serva de Deus", o discurso da teologia tradicional ressaltava a posição de total obediência e submissão à vontade de Deus. Isso, automaticamente, legitimava a submissão feminina ao universo masculino, fazendo com que as mulheres incorporassem esse modelo de subjetividade. Nota-se que a imagem de Maria é colocada em oposição à imagem de Eva, a mulher desobediente, de modo que a ousadia, a transgressão da normatividade masculina, estaria sempre vinculada a uma ordem indesejada pela divindade. Nesse contexto, o comportamento feminino "ideal" a ser buscado deveria se configurar à imagem de Maria "Serva de Deus". Desse modo, é possível perceber, por meio da literatura da teologia crítica de Fiorenza, que a evocação de Maria como "Mãe de Deus" e "Serva de Deus", da Mariologia masculina, relacionava corpo e comportamento, de modo que é possível dizer que a subjetividade feminina se produzia, também, a partir do que Nicholson (2000) nomeia de *fundacionismo biológico*[37], para diferenciar do *determinismo biológico*.

Constata-se que as representações simbólicas, inscritas nos discursos da teologia tradicional, de certa forma legitimavam posições hierárquicas de gênero e funcionavam como *práticas discursivas*, no sentido foucaultiano. Ao serem incorporadas nas relações e nos corpos das mulheres, além de produzir subjetividades submissas, essas representações legitimavam as práticas de desigualdade socioeclesial. Isto é, as mulheres eram colocadas em uma posição de inferioridade e, ao mesmo tempo, justificava-se essa realidade por meio de uma leitura que materializava a existência de corpos sexuados como uma "natureza biológica" inferior e, portanto, não apta para atividades intelectuais.

Na concepção de Braidotti (1999, 10), "a produção pejorativa da diferença não é acidental, mas necessária ao sistema falogocêntrico de significado e para a ordem social e o poder que sustenta tal sistema". Assim, ao se produzir uma subjetividade feminina negativa e "dócil" aos mandatos socioculturais, reproduzia-se a cultura patriarcal, tanto em âmbito social como no espaço

---

[37] Refere-se à relação que se estabelece entre corpo, personalidade e comportamento.

eclesial. Legitimava-se a naturalização do espaço privado para as mulheres, como uma determinação divina, porque se compreendia que a sua inferioridade estava inscrita no sexo feminino como algo pré-discursivo. Nessa lógica, os papéis sociais de gênero que caberiam às mulheres eram somente o de mãe e esposa, em uma relação de subordinação aos homens.

Esse discurso, compartilhado no imaginário simbólico católico, legitimava a desigualdade de gênero como um destino imposto pela divindade, de modo que a desigualdade social e as hierarquias sexistas objetivadas faziam parecer que era vontade da divindade e, portanto, "natural". Essas lógicas, construídas pelo poder dos enunciados, nos fazem concordar com Lauretis (1994), para quem os discursos funcionam como *tecnologias* que produzem subjetividades de gênero, e com Butler (2007, 170), para quem a performatividade de gênero é teorizada junto com uma prática reiterativa de regimes sexuais regulatórios que, neste caso, são visíveis no processo da reprodução dos discursos teológicos masculinos, os quais estabeleciam códigos normativos de comportamentos para cada sexo.

Tudo o que discutimos até aqui, partindo da literatura da teologia crítica produzida por mulheres, nos permite afirmar que a reiteração das representações simbólicas sobre o corpo, o comportamento e a sexualidade das mulheres, inscritas no discurso tradicional católico, exerceu um poder performativo produzindo corpos e subjetividades inferiores e, consequentemente, práticas sociais e eclesiais desiguais, no que tange às relações de gênero. A produção de uma estrutura hierárquica sexista, em que os principais sujeitos eram homens celibatários, acabou por privar as mulheres durante um longo período da história do direito de participarem do poder de decisão eclesial e de estarem presentes em instâncias oficiais do ensino e na produção do saber teológico.

Enfim, poder-se-ia dizer que ao desvendar os mecanismos de poder do discurso teológico tradicional, inscritos nas representações simbólicas que produziram o corpo e a subjetividade feminina como negativa, inferior e despossuída de racionalidade, as teólogas feministas estariam assumindo a posição teórica e política do feminismo da igualdade dos anos 1960 e 1970. Esse feminismo questionava os pressupostos naturalistas sobre a inferioridade das mulheres, deslocando o debate para a construção social. Observa-se, na literatura das teólogas, que elas compartilhavam da concepção de que a "diferença", produzida com base no biológico, desde o ponto de vista do sujeito masculino, era pressuposto que produzia a desigualdade social de gênero. Essas teólogas apontaram a parcialidade e a não neutralidade do discurso da teologia tradicional em relação às mulheres, porque se produziu segundo os valores e os interesses de uma cultura patriarcal, cujo saber foi nomeado como androcêntrico. Tal adjetivação não é vazia de conteúdo, mas se constitui em uma posição política acusatória de todo um processo de exclusão histórica das mulheres do ofício do sagrado, da ordenação e da posição de sujeitos de saber teológico[38]. Além da crítica, é possível constatar que é na relação com esses discursos que elas também se produzem sujeitos reflexivos e éticos, no sentido foucaultiano, capazes de atos de liberdade, que neste caso é a denúncia ao androcentrismo na teologia e a rejeição do determinismo biológico. E, nesse processo de desnaturalização da diferença que desqualificava as mulheres, elas aparecem conectadas com as proposições de Rubin (1993) do sistema *sexo/gênero*. Isso porque existe a compreensão de que o discurso da teologia tradicional transformava os aspectos da sexualidade

---

[38] Convém lembrar que o fato de as mulheres serem excluídas da ordenação sacerdotal e da teologia como lugar de ensino e de produção do saber, desde o início do cristianismo, não significa que elas foram excluídas de todas as atividades de cunho eclesial, isso porque elas fizeram parte do mundo espiritual religioso e, ainda, deram uma contribuição significativa para a teologia mística, como já foi mencionado no corpo deste estudo. Outras vezes foram perseguidas ou mortas por estarem em lugares "proibidos", ou por produzirem conhecimentos considerados "heréticos", e em momentos históricos pontuais elas colaboraram nos processos de evangelização dos países colonizados, sobretudo no século XIX, quando as grandes congregações femininas exerceram um poder significativo, cujo foco não é parte deste estudo.

biológica feminina em uma construção, segundo os interesses da ordem social masculina.

Podemos afirmar que a Teologia Feminista que emergiu nos anos de 1970 compartilhava da mesma tarefa crítica do Feminismo da Igualdade, constituindo-se em uma voz acusatória às imagens, mitos, representações simbólicas sobre a mulher, como uma construção cultural do imaginário masculino. Essa produção teológica, em que as mulheres se conectam pela consciência de uma história comum de opressão e discriminação sexista e pelo mesmo desejo de desnaturalizar uma determinada compreensão do feminino, representa a voz de um novo sujeito coletivo de saber – "mulher". Um sujeito feminino que, desde o campo do saber teológico, compartilha com a luta de outras feministas de sua época, inaugurando uma tradição teórica que vem subverter o projeto desqualificador do feminino. De silenciadas e privadas da "vontade de saber", elas agora se tornam sujeitos de enunciação, que questionam as bases androcêntricas e canônicas da teologia tradicional, como um saber parcial, porque produziu significados que não correspondiam com as experiências reais, vividas pelas mulheres. De modo que elas se aproximam, também, das propostas do feminismo que reforça a diferença, como condição de igualdade, como ainda iremos enfatizar no decorrer desta obra.

CAPÍTULOTRÊS

A TEOLOGIA FEMINISTA COMO TECNOLOGIA DE DESCONSTRUÇÃO DO FEMININO SUBALTERNO

Se a ciência moderna, assim como a teologia tradicional, foram saberes que se fortaleceram por meio de um fenômeno em que se perseguiu, se condenou e se excluiu as mulheres dos processos da produção do conhecimento, então a presença feminista na produção do saber, nos últimos séculos, mostra uma mudança não apenas pela simples incorporação de mulheres, mas também pelo seu retorno como sujeitos de saber e de poder (GRAF, 2011). Nessa perspectiva, a teologia produzida pelas mulheres emerge como um saber elaborado por sujeitos, até então considerados "subalternos". São mulheres que tomam consciência dos efeitos de poder que as representações simbólicas e os códigos normativos de gênero, do discurso teológico masculino e tradicional, produziam nas subjetividades femininas. É na relação com essas mesmas dinâmicas de poder que elas vão produzir saberes que provocam efeitos de contramemória, desestabilizando significados e construindo um sistema simbólico alternativo.

Na concepção de Djamila Ribeiro (2019, 75), "os saberes produzidos pelos indivíduos de grupos historicamente discriminados, para além de serem contradiscursos importantes, são lugares de potência e configuração do mundo por outros olhares e geografias". Trata-se de saberes que abrem possibilidades para deslocamentos subjetivos ou para uma reinvenção de si mesmas e "para todas as mulheres" (BRAIDOTTI, 2004), cuja ação pode ser compreendida como uma agência ética, porque interage e, ao mesmo tempo, se opõe de maneira reflexiva e crítica às convenções normativas de gênero, da ordem simbólica masculina.

As teorias feministas têm mostrado que a experiência reflexiva das mulheres sobre a própria condição social tornou possível a tomada de consciência de que os processos de discriminação e de exclusão social estavam relacionados com os efeitos dos discursos masculinos e de suas representações simbólicas. Essa consciência foi fundamental para a emergência de novas vozes políticas, dentro do feminismo, gerando novas formas de teorização. Assim, a experiência de estar nas "margens" do poder, da estrutura simbólica do patriarcado, e a consciência reflexiva sobre os efeitos dos discursos normativos, em relação ao gênero, evidentemente mobilizaram as mulheres a produzir estratégias de resistência, de liberdade e de criatividade ante as dinâmicas de poder. No caso da teologia, elas elaboraram narrativas alternativas que, consequentemente, produziram novos significados de gênero, tendo, como parâmetro de discernimento e de suspeita, as experiências das mulheres, vividas na realidade cotidiana, em contextos situados.

É nesse engajamento social e na experiência encarnada em uma cultura dinâmica que, segundo Lauretis (1994), torna-se possível, para as mulheres, refazer suas experiências e produzir saberes ou discursos que se tornam novas tecnologias de gênero, com poder de ressignificar a própria subjetividade, na qual elas mesmas podem se autodefinir. Isto é, trata-se de uma narrativa em que a autorrepresentação de si e da própria experiência vivida e narrada se torna a base da crítica feminista ao sistema simbólico de um discurso abstrato que, embora parcial, se pensa universal. Acreditamos que, nessa perspectiva, podemos compreender a ação das teólogas como sujeitos da produção de uma teologia alternativa[1], baseada em suas percepções e experiências vividas como mulheres; em seu engajamento social, na relação com os códigos normativos do sistema simbólico masculino.

Evidentemente, a experiência compartilhada de discriminação histórica foi produzindo nessas teólogas um processo de reflexividade e de autoconsciência de si e dos dispositivos de poder que limitavam as suas possibilidades. Situação que, certamente, despertou nelas o desejo de superar as convenções históricas de gênero e de se instituírem sujeitos de saber, por meio da construção de uma visão positiva do feminino. Um desejo que mobilizou e agregou teólogas, em uma ação coletiva, para reler e ressignificar as representações simbólicas de gênero, do discurso androcêntrico. As suas elaborações teológicas revisitam passado e reelaboram o sistema simbólico masculino, fazendo novas interpretações dos mitos bíblicos femininos e resgatando as figuras de mulheres "heroínas" da história bíblica, que ficaram ocultadas nos discursos masculinos. O que, certamente, gerou o efeito de *contramemória ou contragenealogia*, no sentido de Braidotti (2004). Para essa autora, a *contramemória* desloca uma concepção de su-

---

[1] Aprofundaremos essa questão no decurso desta obra. Ao usarmos a expressão *teologia alternativa*, estamos nos referindo à teologia que as teólogas denominam "teologia feminista". Essa teologia pode ser considerada alternativa na relação com a teologia católica tradicional, que não incluía as experiências das mulheres e era produzida por homens. Também pode ser vista como "alternativa" por produzir novos significados, que são possíveis por meio das categorias teóricas que elas utilizam. Tais categorias também tornam factível a crítica e a problematização de uma teologia abstrata e universal produzida, em geral, unicamente do ponto de vista da subjetividade masculina.

jeito unificado e centralizado e desestabiliza identidades fixas abrindo espaços para que outras possibilidades, não programadas na memória dominante, se atualizem e se concretizem como potencialização afirmativa.

É nessa perspectiva que teólogas feministas chamaram a atenção para os atributos das personagens femininas, que não haviam sido nomeados na teologia tradicional. Por exemplo, na releitura de Maria, elas deram acento a outras características, como: a) *Maria Mãe-Deusa,* que associava Maria às antigas deusas mitológicas da Grécia e, assim, para além da maternidade, se reforçava também a divindade de Maria; b) *Maria Apóstola,* cuja imagem acenava para a liderança exercida por Maria e pelas outras mulheres que integravam o *movimento de Jesus*[2]. Elas resgataram, ainda, da história bíblica, as imagens femininas da divindade como a da *Divina Ruah, Sofia, Deus Trindade, Deus Mãe,* entre outras. Ao resgatarem essas imagens simbólicas, as teólogas evidentemente estavam assumindo a posição do feminismo da diferença, que enfatizava a existência de uma identidade feminina com significado social e cultural positivo diferente da que fora construída nos discursos simbólicos da teologia tradicional e masculina. Ressignificando as imagens simbólicas do feminino, evidenciavam que as mulheres eram sujeitos com o mesmo direito de inclusão e com igual dignidade e que a partir de sua experiên-

---

[2] Segundo Hoornaert (1991, 51-53), o movimento de Jesus está ligado à sua ação e a do grupo dos seus seguidores. Essa ação precisa ser compreendida dentro da tradição dos movimentos populares da sociedade judaica dos anos 30 d.C. Esse autor distingue o movimento de Jesus a partir de quatro características: a) um movimento que se alicerça em favor dos empobrecidos e contra a dominação política econômica e religiosa que excluía os pobres da vida social; b) um movimento baseado na tradição bíblica, uma vez que sua atividade se inicia por meio da participação das sinagogas, em fidelidade à Aliança de Deus com seu povo e à tradição dos primeiros patriarcas; c) um movimento de caráter rural, isso porque Jesus desenvolveu sua atividade com o povo do campo, como da pequena Galileia e não tanto nas cidades; d) um movimento juvenil, pois ele mesmo era jovem (30 anos) e seus discípulos e discípulas o que tudo indica também eram jovens. Nesse movimento, as mulheres tinham protagonismo, embora isso tenha sido pouco destacado por escritores bíblicos.

cia, de seu olhar e de seus valores específicos poderiam contribuir com o campo dos saberes.

Estariam essas mulheres criando alguma novidade ou se produzindo de maneira diferente por meio da renovação dos significados e representações de gênero, no sentido de Braidotti? Nessa apropriação e ressignificação do simbólico, o que se nota é a existência de um desejo por novas representações sobre o feminino, não mais dentro do regime normativo masculino, em cujo projeto elas não se reconheciam mais. Há um empreendimento de energias para positivar a identidade feminina e se colocar no lugar da racionalidade e da ação política, sem negar a diferença sexual. Nessa luta da construção do sujeito feminino elas tendem a assumir as posições políticas do feminismo da diferença sexual, de modo que parece fazer sentido a afirmação de Irigaray (2010) de que a ética política do feminismo da diferença sexual é a construção de um sistema alternativo do simbólico, que ajude a libertar, nas mulheres, o seu desejo de justiça histórica, de liberdade de ser o sexo que se é, e que não se pôde ser, por causa dos limites produzidos pelos efeitos do sistema simbólico masculino. Essa parece ser a ética que essas mulheres estão buscando por meio da elaboração do que elas denominam Teologia Feminista.

Na literatura de teólogas feministas, aparece a afirmação de que elas estão buscando novas imagens e novos mitos, que encarnem uma nova visão das mulheres cristãs e que lhes ajudam no seu processo de "libertação". A teóloga Fiorenza (1995) assegura que, além de modificar a consciência individual das mulheres, esses novos mitos e imagens[3] pretendiam mudar as estruturas sociais, eclesiais e teológicas. Para Ivone Gebara (2006b), trabalhar a questão da simbologia é importante para a Teologia Feminista, já que é por meio disso que se pode perceber o quanto a absolutização de certos símbolos e até mesmo de certos "mitos" influencia-

---

[3] As imagens e mitos oferecem uma visão de mundo e dão sentido às práticas cotidianas. Ao invés de defender ideais ou doutrinas abstratas, antes oferecem a visão de uma estrutura básica da realidade, um modelo a ser seguido.

ram os comportamentos cotidianos, aprisionando as mulheres do direito de decidir e de serem reconhecidas como sujeitos históricos e sujeitos teológicos.

Entretanto, segundo uma visão pós-estruturalista, pode-se dizer que as mulheres teólogas não estão buscando novos mitos e novas imagens, porque as imagens e os mitos são os mesmos e pertencem a um simbólico constituído linguisticamente, presente na teologia hegemônica. Parece existir, sim, uma relação reflexiva, que não se opõe ao poder deste imaginário simbólico, cuja resistência ocorre na medida em que essas mulheres constroem as estratégias de liberdade para uma nova invenção de si, no sentido foucaultiano. Essa estratégia ocorre pela apropriação dos códigos discursivos, que são ressignificados a partir das suas experiências vividas no cotidiano, seja na liderança eclesial ou nos processos de evangelização. Ou no sentido de Braidotti (2004), numa espécie de contragenealogia, em que, por meio da *mimese*, estrategicamente, elas produzem um sistema simbólico que permite pensar uma subjetividade feminina não mais pejorativa e negativa, mas positiva. Trata-se de outras vozes com poder de fala, que, ao ressignificarem os discursos teológicos, incorporam a categoria de experiências das mulheres, desde a sua localização social, em um contexto concreto.

Nessa perspectiva, ganha sentido a expressão da teóloga Ivone Gebara (2006b), para quem ao se trabalhar a dimensão simbólica do cristianismo se está tocando em algo secular, que foi sendo estruturado politicamente a partir das figuras masculinas, em função da reprodução de uma ordem social. É um processo que não para aí, mas que possibilita a afirmação do feminino como agente social. Assim, como Braidotti, pode-se dizer que o paradoxo da identidade feminina, protagonizada pela teologia dessas mulheres, aparece na necessidade simultânea de afirmar o feminino e de desconstruí-lo dos significados hegemônicos.

Há que se recordar que a maior visibilidade das mulheres como um novo sujeito eclesial ocorreu em um contexto sociocultural de intensas mudanças trazidas pela modernidade. Nesse sentido, o Concílio Vaticano II, mesmo com suas contradições, precisou se "fazer sensível" aos processos históricos que impulsionavam a Igreja, como instituição, a repensar sua posição em relação às mulheres. E isso não foi uma iniciativa da hierarquia da Igreja, mas ocorreu mediante pressão externa de um cenário de mobilizações femininas, em favor da luta por igualdade social. Assim, a partir da década de 1970, as mulheres sentiram certa "legitimidade eclesial" para ocupar as brechas ou interstícios que se abriam, criando suas estratégias políticas para constituírem-se sujeitos eclesiais. Elas passaram a atuar, em número maior, nos diversos espaços de liderança pastoral e entraram no campo da docência e da elaboração da reflexão teológica, desestabilizando uma noção de gênero fixa e compatível com os interesses masculinos. Na medida em que elas foram estudando e se apropriando dos discursos teológicos, também tomaram consciência de que os significados negativos referentes às mulheres e à sexualidade feminina eram resultado de uma visão pautada nos valores androcêntricos. Argumentaram que esses sentidos não eram reais, porque antes correspondiam aos interesses do universo masculino.

Essa consciência compartilhada de uma mesma experiência de discriminação eclesial, resultado dos efeitos de uma leitura determinista da diferença sexual, se tornou um importante *ponto nodal*, no sentido de Mouffe (1999), mobilizando um grupo de mulheres, que, desde as suas próprias e diversificadas experiências sociais do cotidiano, começaram a elaborar uma crítica ao pensamento masculino e, também, a refletir teologicamente acerca da sexualidade e do corpo feminino, utilizando-se das abordagens teóricas dos estudos de gênero e das teorias feministas.

Pode-se dizer que a teologia produzida pelas mulheres representa a voz de um sujeito historicamente silenciado; uma voz que começa a falar por si mesma e ecoa no campo do saber teológico, questionando os padrões androcêntricos da produção do saber. É uma espécie de agenciamento, porque coloca em cena a produção política de uma nova subjetividade feminina que, paradoxalmente, se mantém vinculada ao mesmo sistema simbólico que a produziu, mas que também se distancia, na medida em que produz novos sentidos. Nos termos de Lauretis (2004), pode ser compreendida como uma constituição que ocorre dentro e fora da ideologia de gênero hegemônica[4]. Em outras palavras, os significados de gênero do sistema simbólico masculino são desconstruídos ou desnaturalizados, quando também se analisam as condições de poder, a partir das quais se produziram tais discursos e a forma como se universalizou uma experiência particular.

Segundo Patricia Hill Collins (2019), quando as mulheres falam por si mesmas e se autodefinem, a sua voz se torna uma estratégia política de enfrentamento da visão colonizadora. São vozes silenciadas que produzem saberes insurgentes com potencial de constituir sujeitos e relações. Assim, a teologia que emerge de vozes "subalternas" e marginais ou do "outro" irrepresentável, mesmo que contraditória por estar acoplada aos códigos normativos e simbólicos da teologia androcêntrica, constitui-se em uma ação enunciativa e política, que dá visibilidade à ação de um "novo sujeito", e que agora pode representar-se por si mesmo. São vozes que, de certa maneira, exercem uma ação política ao enfraquecer os dispositivos de poder da norma masculina. Essas narrativas teológicas produzidas pelas mulheres constituem-se, ainda, como práticas discursivas alternativas porque, por meio do sistema simbólico ressignificado, no sentido de Braidotti (2004), exerce o poder de positivar a subjetividade feminina.

Podemos afirmar que a ação de produzir saber é, para essas mulheres teólogas, uma estratégia política. Isso porque, por meio da *mimese* ou de repetições críticas e desconstrutivas, elas podem criar um sistema simbólico alternativo, que positiva o feminino, numa espécie de *contragenealogia* ou de *contramemória*. De acor-

---

[4] Em Lauretis, a ideologia de gênero se remete às representações de gênero dos discursos masculinos, produzidas por sujeitos que eram hegemônicos nos campos dos saberes.

do com Braidotti, a estratégia de repetição mimética da diferença sexual construída como negativa coloca, simultaneamente, a descoberto o simbólico e oferece uma crítica à reificação das desigualdades sociais de gênero, produzida por estruturas simbólicas e normativas do pensamento hegemônico. Para ela, essa *mimese* não é uma nova reessencialização, mas uma postura política e estratégica, que tem como base os corpos das mulheres encarnados, em contextos concretos. É um reelaborar que parte do passado, do simbólico instituído, uma estratégia de desconstrução que permite novas redefinições ou a produção de um projeto alternativo, que se move em meio à complexidade e às contradições da subjetividade feminina (BRAIDOTTI, 2004).

Essa perspectiva nos parece ajudar a pensar a voz dos novos sujeitos na produção do saber teológico (mulheres) e a tarefa crítica que a Teologia Feminista assume, em conexão com as diferentes áreas do saber, uma vez que ela surge praticamente no mesmo período em que começam a proliferar os distintos discursos feministas.

No intuito de situar o(a) leitor(a) em relação à emergência dessa outra voz, no contexto dos saberes teológicos, elaboramos, nos capítulos seguintes, uma revisão acerca do surgimento da Teologia Feminista, seus desdobramentos, trajetória e pressupostos teóricos.

CAPÍTULO QUATRO

O CHÃO TEMPORAL E SOCIAL DA EMERGÊNCIA DA TEOLOGIA FEMINISTA[1]

Na América Latina, a Teologia Feminista[2] nasce paralela à *Teologia da Libertação*[3] quando, sob este "guarda-chu-

---

[1] Neste capítulo, assumimos uma perspectiva mais descritiva, tomando por base algumas das análises feitas pela antropóloga Fabíola Rohden (1995) e a literatura da assim chamada Teologia Feminista, com pequenas incursões analíticas. Isso para situar o(a) leitor(a) sobre o que é a Teologia Feminista, o contexto de seu surgimento e os seus pressupostos teóricos metodológicos.

[2] O termo "teologia feminista" é usado aqui no sentido da antropóloga Fabíola Rohden (1996), isto é, como um termo mais flexível e relativizado que o seu uso adquire diante da conotação da diversidade das opções feministas atuais e porque é um conceito assumido pelas teólogas, mesmo que este muitas vezes apareça sob a concepção de "teologia feminina" ou "teologia na ótica da mulher".

[3] A Teologia da Libertação retoma o projeto emancipatório moderno do ser humano, que na tradução dessa teologia é o projeto bíblico, expresso

va", surgiram outras teologias que se afirmaram diante das novas problemáticas sociais do mundo contemporâneo. Isso justamente quando nos discursos das ciências humanas e sociais outras vozes começaram a se fazer ouvir, impulsionando a revisão dos discursos da história das ciências e da literatura. Discursos esses que haviam sido produzidos quase exclusivamente pela visão de um sujeito universal: masculino, branco, heterossexual e ocidental. É possível considerar que a Teologia Feminista é uma das vozes que foi surgindo por meio de um processo reflexivo e autoconsciente sobre uma experiência de discriminação histórica compartilhada entre as mulheres, assim como da percepção dos efeitos do poder do discurso teológico, elaborado segundo os códigos normativos da ordem patriarcal, que produziu o gênero feminino como o outro, o inferior e o irrepresentável.

Convém enfatizar que, no universo do saber teológico, outras vozes surgem, praticamente ao lado da *Teologia da Libertação* e se integram no rol das teologias contemporâneas. Algumas se posicionam criticamente à Teologia da Libertação por esta permanecer centrada no pobre, como um sujeito universal. Isto é, ao se focar na diferença de classe, acabou ignorando as outras diferenças que perpassavam a categoria de pobre, como as de gênero, raça/etnia.

Entre essas vozes encontramos a Teologia Feminista, a Teologia Ecológica, a Teologia Afro, a Teologia Indígena e, muito recentemente, a Teologia *Queer*[4]. Essas teologias têm relação com

---

no livro do Êxodo, do Deus da libertação. Essa convicção legitimava a inserção dos cristãos nas lutas e movimentos sociais em favor da transformação da sociedade. Fundamenta-se na dialética da *teoria-práxis* do marxismo, com ênfase na perspectiva gramsciana. A opção pelos pobres é a característica central do pensamento teológico da libertação, por isso propõe uma análise da sociedade em termos de luta de classes e de uma crítica da economia política de mercado, concentradora de riqueza e produtora de exclusão social (HIGUET, 2005, 29).

[4] A Teologia *Queer* utiliza as contribuições da teoria *queer para reler os textos sagrados*. Segundo André Sidnei Musskopf (2004, 155), "a Teologia *Queer* parte das histórias vividas pelas pessoas homossexuais como forma de devolver-lhes a palavra e permitir que articulem seus próprios anseios e necessidades".

o que Richard Misckolci chama de *teorias subalternas*, que compreendem o conjunto das teorias: feminista, *queer* e pós-colonial. São outras vozes que se levantam e "fazem críticas aos discursos hegemônicos, na cultura ocidental" (MISCKOLCI, 2009, 159). Na verdade, as teologias contemporâneas ou as teologias que emergem de "vozes marginais"[5] aparecem como novas construções acadêmicas e, assim como em outras áreas do saber, fazem críticas aos discursos universais incluindo, em suas narrativas, as experiências religiosas que são vividas, levando-se em consideração as diferenças de gênero, identidades sexuais, classe, raça/etnia. Não é o nosso objetivo situar essas diferentes teologias, mas apenas evidenciar que juntamente com o que se chamou de Teologia Feminista foram surgindo outros discursos teológicos.

A Teologia Feminista nasceu no contexto sociocultural das lutas feministas e das organizações de mulheres das décadas de 1960 e 1970 do século XX. Mas é somente na década de 1980 que ela ganhou corpo e legitimidade acadêmica, cuja possibilidade se deve, também, ao diálogo que ela estabeleceu com as teorias feministas de diferentes áreas do saber acadêmico e pela incorporação da abordagem epistemológica de gênero. Assim como a Teologia da Libertação, ela se colocou contra a opressão e em prol da emancipação que, nesse caso, se tratava de um sujeito com gênero – mulheres. Denunciou a hierarquização dos sexos, em que o masculino era considerado superior e o feminino inferior, como uma construção ideológica e histórica e não uma condição da diferenciação de gênero (MARTINS, 2005).

Entretanto, considera-se que a origem da Teologia Feminista se encontra no século XIX, com a primeira produção "feminista" na área da teologia – *The Women's Bible*, publicada nos Estados Unidos nos anos de 1895 e 1898, cuja obra foi resultado da interpretação de textos bíblicos, produzida por mulheres especialistas na área bíblica. Essa publicação resultou de um projeto coletivo de

---

[5] No universo teológico, usa-se mais a expressão "saberes alternativos".

leitura e interpretação das narrativas bíblicas sobre as mulheres ou das que se caracterizavam pela sua ausência, coordenado por Elizabeth Cady Stanton[6]. Segundo Rohden (1995), Rosado (2001), Freitas (2003), Deifelt (2003) e Gebara (2008), essa publicação foi um marco significativo que culminou, no século XX, com a elaboração da Teologia Feminista. A *Bíblia da Mulher* se constituiu, assim, um ponto de partida, de um longo e fragmentado processo, que levou ao surgimento e à consolidação da Teologia Feminista, em concomitância com a Teologia da Libertação na América Latina.

Wanda Deifelt (2003) menciona outros acontecimentos que antecederam o surgimento da Teologia Feminista, como a fundação da Aliança Internacional Joana D'Arc, na Grã-Bretanha, em 1911, por mulheres católicas, e a ordenação das primeiras mulheres nas principais Igrejas Protestantes, em meados do século XX.

A presença das mulheres nas Igrejas, na educação teológica e na liderança espiritual, começou a ser tema de debate desde a criação do Conselho Mundial das Igrejas, em 1948. Reconheceu-se que somente o acesso ao ministério não iria garantir a igualdade de direitos e a erradicação da discriminação, opressão ou violência, mas era necessária, também, uma revisão das estruturas simbólicas da Igreja e a elaboração de uma teologia alternativa que levasse em conta as experiências concretas das mulheres dentro de suas comunidades de fé.

As teólogas cristãs começaram a incorporar a consciência feminista em sua prática e produção acadêmica, a partir da fase contemporânea do feminismo, introduzida no mundo ocidental nos anos 1960 e 1970. Essa nova consciência das mulheres e a críti-

---

[6] Segundo Gebara (2008), Stanton era membro de uma organização de sufragistas norte-americana. Ela se deu conta de que a sua luta era ridicularizada pelos homens, inclusive cristãos. Eles usavam o nome de Deus para fazer valer a proibição do direito do voto feminino. A partir de então, o grupo começou a conectar a subordinação feminina com a ideologia patriarcal presente no cristianismo. Segundo Gabriela Castellanos Lhanos (2006), Stanton foi uma das feministas que continuou o pensamento de Margareth Fuller, na linha do pensamento culturalista. Com isso, ela mostra que o feminismo da diferença não é um fenômeno do século XX, mas tem suas raízes no século XIX.

ca às estruturas eclesiais feita por teólogas americanas trouxeram alguns conflitos com a estrutura e com as normas que regiam o universo eclesial. Com isso, algumas se segregaram das instituições, outras continuaram trabalhando no campo das religiões institucionalizadas, cristãs ou não (ROSADO, 2001).

No universo católico, um livro pioneiro que abordou a questão das mulheres na Igreja foi o da teóloga Mary Daly[7], intitulado *A Igreja e o segundo sexo* (1968), que faz menção à obra da escritora francesa Simone de Beauvoir *O segundo sexo* (1949). Destaca-se, também, o livro de Betty Friedan *A mística da feminilidade* (1963) e de Kate Millet *Política do sexo* (1969). Segundo Augusto Bello de Souza Filho (2009), essas obras representaram o texto-base do feminismo contemporâneo no campo teológico.

Entre as primeiras produções na perspectiva feminista, encontramos o livro *As origens cristãs a partir da mulher*, da teóloga americana Elisabeth S. Fiorenza (1995). Nessa obra, a autora analisa todo o percurso do processo de patriarcalização da Igreja e da Teologia Cristã, propondo uma *hermenêutica crítica feminista* da leitura bíblica. Por essa metodologia era possível partir dos textos bíblicos patriarcais para chegar ao seu contexto histórico social e fazer uma reconstrução teológica feminista das origens cristãs. A sua proposta foi assumida pelas teólogas como um novo paradigma (FREITAS, 2003). Para Wanda Deifelt (2003), a hermenêutica feminista questiona o processo de canonização do saber, que se reflete na seleção de textos que privilegiaram a ação dos homens e que ainda hoje impede uma atuação mais participativa por parte das mulheres.

Nos anos 1990, o *Dictionary of Feminist Theologies*[8] apontava a existência de uma diversidade de teologias feministas. As autoras do dicionário deram ênfase ao caráter crítico dessas teologias e

---

[7] Convém lembrar que as principais teólogas do feminismo contemporâneo são: Mary Daly, Phyllis Trible, Elisabeth Schüssler Fiorenza e Rosemary Radford Ruether.

[8] De acordo com Rosado (2001), esta obra foi publicada nos EUA em 1996, com a autoria de Letty Russel e Shannon Clarkson. Reuniu verbetes relativos às teo-

apontaram a variedade de perspectivas, tanto em relação às concepções políticas quanto às concepções teóricas que embasavam a elaboração teológica. Além das críticas feitas aos discursos tidos como "verdadeiros" da tradição cristã, que haviam legitimado a desigualdade de sexos, as teólogas cristãs feministas refutaram a compreensão tradicional da "natureza feminina", que fechava as mulheres em um único e específico destino irrecusável, que era o da maternidade. Assim, ao rejeitar a biologia como único recurso para explicar o ordenamento social e religioso dos sexos, as teólogas faziam uma crítica radical à organização das instituições religiosas considerando-as androcêntricas[9], hierárquicas e excludentes das mulheres (ROSADO, 2001, 85).

Nesse sentido, foi importante para as mulheres teólogas, nos anos de 1980, a aproximação com a vertente do feminismo que valorizava a "diferença". Para Schienbinger (2001, 26), apesar das tantas críticas que se faz ao feminismo da diferença[10], "o seu valor está no fato que ele refuta a afirmação de que a ciência é neutra em relação às questões de gênero, revelando que valores, geralmente atribuídos às mulheres, foram excluídos da ciência e que as desigualdades de gênero foram construídas na produção e estru-

---

logias provenientes de diferentes partes do mundo: Ásia, Europa, América Latina, América do Norte, Ilhas do Pacífico, entre outras.

[9] Convém lembrar que, na teologia, segundo a teóloga Marga J. Ströher (2005, 119), ao se referir criticamente ao androcêntrico, se está compreendendo o fenômeno social em que o masculino se constituiu no sujeito e no referencial cultural, ético e normativo. De modo que a centralidade do masculino se coloca como norma para a linguagem não só nas relações humanas, mas também em relação a Deus, ao pecado, à redenção, à Igreja e à sua missão. E isso assegura que o masculino se configure também como uma norma para definir quais são os direitos das mulheres.

[10] Muitas das críticas apontam que a perspectiva do feminismo da diferença também produzia novas essencializações do feminino. Outras críticas eram porque se considerava que essa perspectiva apresentava uma visão reducionista de um sujeito mulher universal em oposição ao homem universal, desconsiderando a diversidade de classe, gênero, geração, orientação sexual, nacionalidade. Entretanto, muitas feministas trouxeram a diferença na perspectiva cultural como um elemento político, problematizando as diferenças das mulheres em suas experiências nos seus múltiplos contextos e relações, dentro do próprio gênero, que incluíam as diferenças de raça/etnia, classe, geração, nacionalidade.

tura do conhecimento". Essa posição pareceu estratégica e central já nas primeiras elaborações teológicas das mulheres, diante do projeto político de valorização do feminino. No entanto, o discurso pela busca da "igualdade" entre mulheres e homens, dentro da produção teológica, se manteve como um projeto político importante para a Igreja e para a sociedade (ROHDEN, 1995)[11]. E isso faz *jus* à insistência de Rosi Braidotti (2004) de que a diferença e a igualdade só funcionam juntas e que uma não elimina a outra, sobretudo quando está em questão o projeto do devir sujeito dentro de uma consciência feminista.

Segundo Gebara (2006a), atualmente a Teologia Feminista incorpora uma série de desdobramentos e, por isso, não se pode afirmar que existe apenas uma única teologia, mas teologias feministas, que emergem em contextos diferentes, cujo centro de reflexão se traduz na afirmação da dignidade feminina, em suas múltiplas faces. De certa maneira, isso corresponde à tendência geral do feminismo, que é plural. Essa compressão, no universo da produção dos saberes teológicos, parece se aproximar da posição dos estudos feministas atuais, que priorizam a *política de localização* ou de *posicionalidade situacional* para pensar as subjetividades atravessadas por diversos marcadores da diferença, em que as identidades femininas são constituídas por uma multiplicidade de experiências que se justapõem.

> Penso que no centro da reflexão das teologias feministas está uma intencionalidade de base que se expressa na afirmação da dignidade feminina através de múltiplas formas. Essas teologias são marcadas pelos contextos diferentes em que nascem e por algumas problemáticas diferentes, dependendo do objetivo imediato perseguido. Costumo chamar esses objetivos específicos ou imediatos de intencionalidades específicas, visto que partem da preocupação de grupos

---

[11] Esse dilema entre diferença e igualdade no discurso das teólogas católicas é aprofundado na dissertação de mestrado da antropóloga Fabíola Rohden, defendida em 1995, pelo Programa de Pós-Graduação em Antropologia Social do Museu Nacional da UFRJ.

específicos como as mulheres negras, indígenas, lésbicas, trabalhadoras do campo, empregadas domésticas, etc. É a partir daí que se pode falar das diferentes teologias feministas (GEBARA, 2006a, 298).

De acordo com Gebara, essas teologias se traduzem nas experiências da vida cotidiana e nas falas das mulheres que participam de grupos e movimentos populares. São novas narrativas, que emergem das experiências das mulheres, nem sempre articuladas em discursos publicados, mas que nas práticas cotidianas, estão produzindo novos significados de gênero ou uma nova reinvenção das subjetividades femininas.

4.1. A TEOLOGIA FEMINISTA NA AMÉRICA LATINA E NA AMÉRICA DO NORTE: APROXIMAÇÕES E DISTANCIAMENTOS

Na América Latina, a Teologia Feminista[12] surgiu inspirada nas trajetórias norte-americana e europeia, mas com as características específicas do contexto sociocultural latino-americano, podendo ser datada entre os anos de 1970 e 1980. Todavia, já na década de 1960, as Igrejas Cristãs, influenciadas pela emergência das mobilizações sociais das mulheres, começaram a promover a sua participação também no âmbito eclesial. Maria Pilar Aquino (1997)[13] já assinalava que a crescente incorporação de mulheres no trabalho teológico, na América Latina, coincidiu com as lutas das mulheres e com a ampliação de sua inserção em espaços sociais e eclesiais.

---

[12] Apesar de utilizar o termo Teologia Feminista no singular, estou compreendendo que nesse termo se abarca uma diversidade de teologias feministas, conforme anteriormente mencionado. Também nesse ponto é importante mencionar que nossa preocupação é falar da Teologia Feminista em geral, sem especificar se ela é produzida somente por teólogas católicas ou não.

[13] A teóloga mexicana Maria Pilar Aquino é uma das teólogas latino-americanas que se destacaram na produção teológica. Em seu livro *A Teologia, a Igreja e a Mulher na América Latina*, ela aponta os limites da teologia "hierárquico-patriarcal", no que se refere ao estatuto teológico da mulher, e analisa as contribuições ao tema da libertação da mulher, oferecidas pelos documentos eclesiais das conferências de Medellín e Puebla.

Segundo a antropóloga Fabíola Rohden (1995), a produção teológica das mulheres latino-americanas, sobretudo das brasileiras, apesar de receber forte influência do pensamento de teólogas internacionais, como Rosemary R. Ruether e Elizabeth S. Fiorenza, apresenta elementos específicos, se comparada à teologia norte-americana. Ao mesmo tempo que essas teologias se enriquecem também se distanciam em aspectos específicos. A Teologia Feminista da América Latina tem como referência o contexto socioeconômico de extrema pobreza, o que justifica uma produção mais voltada para as dificuldades das mulheres, provenientes das camadas populares, com acento ao caráter prático de suas experiências na vida cotidiana.

Enquanto na Europa e nos Estados Unidos a teologia contemplava as reivindicações das mulheres de classes mais privilegiadas e era mais marcada pela militância feminista de mulheres brancas, a produção latino-americana partia da experiência eclesial e do engajamento sociopolítico da Teologia da Libertação até inserir a perspectiva feminista. Isso, de certa maneira, corrobora com os pressupostos do feminismo de que os conhecimentos são sempre situados, porque são influenciados pelos contextos locais e pelas experiências e posições sociais dos sujeitos que os produzem, que, nesse caso, se trata de mulheres latino-americanas.

Convém lembrar que o termo Teologia Feminista só foi adotado em dezembro de 1993, em um encontro regional da Associação Ecumênica das Teólogas e Teólogos do Terceiro Mundo, realizado no Rio de Janeiro. Antes, essa produção era nomeada como Teologia da Mulher, Teologia na Ótica da Mulher ou Teologia Feminina (DEIFELT, 2003). Segundo Ivone Gebara (1993), no ambiente eclesial brasileiro a palavra feminista era pouco utilizada até a década de 1990, porque este signo linguístico provocava certo temor, sobretudo para a hierarquia da Igreja, já que ele aparecia associado a certo sentimento de rebelião, contestação, provocação e até da perda da chamada "identidade" da mulher, milenarmente conhecida como esposa, mãe, irmã e virgem. Associava-se, ainda, às correntes feministas do Primeiro Mundo, que nos anos de 1960 eram fortes nos EUA, cuja luta estava voltada para a igualdade de direitos e a reivindicação de uma "revolução" social das mulheres. Isso tudo parecia provocar "temor" às famílias de classe média "bem constituídas".

Na concepção da antropóloga Rohden (1995, 15), mesmo que as teólogas utilizassem o termo Teologia na Ótica das Mulheres, elas tinham contato pessoal e bibliográfico com as teólogas militantes do feminismo americano e incorporavam em seus escritos perspectivas feministas. Elas reconheciam que o feminismo era um projeto "justo" e "positivo", mas, por outro lado, tinham dificuldade em utilizar esse "termo" no espaço de seu trabalho. Na verdade, essa dificuldade se relacionava a uma posição de não rompimento com a instituição eclesial, muito forte nas teólogas latino-americanas, as quais acreditam ser possível promover as mudanças a partir de dentro, mesmo que pelas margens institucionais.

Outra diferença assinalada por Fabíola Rohden (1995) é o fato de que, no norte da América, a militância feminista e a produção teológica caminhavam juntas, enquanto no continente latino-americano havia um distanciamento histórico entre feministas e teólogas. Dessa diferença inicial, outras foram aparecendo. Por exemplo, as teólogas brasileiras avaliavam a produção das norte-americanas como um "feminismo agressivo, reivindicativo", distante da realidade brasileira. Isso poderia ser compreendido porque as teólogas brasileiras não se identificavam com esse tipo de produção ou porque isso jamais lhes seria permitido nos domínios da Igreja do Brasil.

As latino-americanas percebiam, ainda, que a estratégia das teólogas do Primeiro Mundo poderia ser uma barreira à interação e ao diálogo com os homens[14], isso porque as brasileiras descartavam o rompimento com a tradição-cristã colocada pelo ecofemi-

---

[14] Outros detalhes acerca dessa questão poderão ser evidenciados nas entrevistas feitas pela antropóloga Fabíola Rohden com as teólogas católicas do Rio de Janeiro, em sua dissertação de mestrado defendida em 1995.

nismo norte-americano, mais "radical". "A pretensão é mudar de dentro da Igreja aquilo que representa a 'dominação masculina', mas dentro dos cuidados necessários para se continuar pertencendo a ela" (ROHDEN, 1995, 55). Também não assumiram uma luta aberta pelo direito do ministério ordenado para mulheres e em favor da descriminalização do aborto[15]. Em relação aos direitos reprodutivos, no que se refere à concepção, contracepção, parto e sexualidade, as teólogas católicas brasileiras têm dialogado com as feministas de outras áreas acadêmicas por considerar um debate importante, propondo-se a pensar em uma nova ética da reprodução humana. No entanto, na questão do aborto, elas se distanciam das feministas norte-americanas. Buscaram se manter neutras para evitar tensões com as orientações oficiais da Igreja, sobretudo pelas dificuldades eclesiais que isso poderia representar, uma vez que preferiam se manter vinculadas à instituição. Consideram ser um tema "delicado", mesmo que politicamente importante. No Brasil, Ivone Gebara tem sido a única teóloga católica a se manifestar publicamente a favor da descriminalização do aborto, em vista de políticas de saúde para as mulheres pobres, que morrem em situações de aborto inseguro.

As teólogas norte-americanas fizeram carreira sem o aval dos homens, o que lhes permitiu assumir uma posição mais definida de feministas e teólogas. O resultado disso foi uma produção caracterizada por uma "crítica feminista muito mais forte" (ROHDEN, 1995). Por outro lado, as teólogas brasileiras parecem ter certa consciência de que a postura mais radical e o rompimento estabelecido pelas americanas fizeram com que a Teologia Feminista que produziram tivesse, hoje, maior reconhecimento acadêmico.

Em situação de entrevista, uma das teólogas brasileiras deixou evidente a resistência que as brasileiras têm em assumir uma postura mais radical, sobretudo porque elas acreditam que não romper

---

[15] Essa posição esteve bem marcada na situação das docentes entrevistadas para o estudo de tese, que mencionamos no início desta obra.

com a instituição é uma estratégia de postular mudanças estando dentro da instituição, como podemos observar no relato que segue.

> Eu diria que nos EUA a Teologia Feminista é muito reconhecida, reconhecidíssima. Na Europa, sobretudo nos países anglo-saxões. Os países latinos sempre tiveram mais dificuldades. Apesar de existirem boas teólogas italianas e espanholas, mas, quer dizer, eu acho que nos EUA elas encontraram plenamente seu espaço, entendeu? É de igual para igual. Elas romperam com muitas coisas. Elas tomaram o caminho da radicalidade, que eu não tomaria. Por exemplo, a Mary Daly não aceitava estudantes homens nos cursos de Teologia que ela organizava. Ela fazia a mesma coisa que os homens faziam antes com as mulheres, ou seja, não aceitavam estudantes mulheres. Então ela não aceitava estudantes homens. Eu não faria isso, nunca. Mas, por causa do que elas fizeram, hoje você vê que tem muitas teólogas ótimas nos EUA, realmente reconhecidas. Ganham prêmios e estão circulando nos meios internacionais. Elas também têm muitos recursos (*Débora, 60 anos*).

De acordo com Gebara (2006a), a Teologia Feminista no Brasil e em alguns países latino-americanos tem uma especificidade situada, em uma dupla perspectiva. A primeira é que, apesar de as teólogas assumirem uma pertença institucional, a sua teologia se desenvolve, quase sempre, à margem das instituições eclesiais. A segunda perspectiva se refere especificamente às teólogas feministas brasileiras que, na visão de Gebara, aliam o seu trabalho acadêmico e a produção intelectual a uma militância nos movimentos sociais não no sentido da militância das teólogas feministas norte-americanas, mas ligada a um trabalho de assessoria a grupos e movimentos sociais, de onde podem problematizar os processos históricos e culturais na produção de subjetividades femininas e masculinas.

> Essa militância ocorre, sobretudo, na forma de assessoria aos movimentos populares ou na forma de cursos regulares dados, por exemplo, ao MST, ao movimento de trabalhadoras rurais, movimento de domésticas, grupos de mulheres da periferia, grupos de consciência

negra, quadros sindicais femininos, etc. Essa inserção social e política da Teologia Feminista nos movimentos de base vêm permitindo uma abordagem interdisciplinar a partir de vivências concretas, assim como um desenvolvimento exterior às instituições oficiais de reprodução das igrejas. Começamos a perceber que a busca de espiritualidade e de coerência ética não se situa apenas no interior das instituições da religião. Nesse sentido, também a Teologia Feminista no Brasil se expressa de forma plural, e é este pluralismo que faz sua riqueza e originalidade (GEBARA, 2006a, 298).

Outra marca distinta da Teologia Feminista na América Latina, que se evidencia na literatura das teólogas brasileiras e no estudo da antropóloga Rohden (1995), tem sido a influência da Teologia da Libertação, embora essa articulação tenha causado tensões. A Teologia da Libertação trouxe profundas transformações, tanto no método de fazer teologia como no seu conteúdo. Isto é, o fato de ela incorporar a experiência de Deus na história dos pobres, como fundamento de seu discurso, trouxe um referencial teórico significativo para a produção teológica das mulheres na América Latina. Uma das contribuições da Teologia da Libertação veio da hermenêutica bíblica, cuja interpretação levava em conta a situação do contexto sociocultural dos povos sofridos e empobrecidos do continente latino-americano. Já a hermenêutica bíblica feminista se constituiu em um método de leitura bíblica, fundada na experiência das mulheres pobres, em seus contextos de discriminação social e eclesial. Isso mostra que a reflexão teológica dessas mulheres se insere no quadro das teologias libertadoras, ou em termos modernos, de emancipação social, já que o seu principal foco era contribuir no processo de libertação das mulheres pobres e oprimidas. Por conta de sua aproximação com a Teologia da Libertação, no que se refere aos objetivos e fundamentos, no continente latino-americano a Teologia Feminista tem sido denominada de *Teologia Feminista da libertação*[16] (ROHDEN, 1995).

---

[16] Com esse termo as teólogas latino-americanas demarcavam, também, a diferença de sua teologia na relação com a Teologia Feminista europeia e americana.

A Teologia Feminista do Primeiro Mundo, principalmente a norte-americana, se apropriou de um traço fundamental da Teologia da Libertação, ou seja, da valorização da "experiência" como chave hermenêutica fundamental. "Enquanto para a Teologia da Libertação, a 'experiência do pobre' era valorizada, para a Teologia Feminista, a 'experiência da mulher' torna-se central como base para a crítica à 'cultura patriarcal'" (ROHDEN, 1995, 54). Apesar da aproximação inicial da Teologia Feminista com a Teologia da Libertação, esta não ficou imune de críticas por ser vista como insuficiente para o processo de "libertação das mulheres". Subjacente a isso, aparece uma tensão entre projetos macroestruturais e projetos locais e regionais. Por um lado, existiam o homem e a mulher como sujeitos universais que precisavam ser libertados da opressão e do empobrecimento, provocados pelo sistema econômico e político e, por outro, existiam sujeitos localizados e diferenciados que, nas práticas e nas relações cotidianas das microestruturas, sentiam-se invisibilizados e discriminados. A Teologia Feminista seria uma proposta alternativa para fazer emergir tais dinâmicas e buscar caminhos de ressignificação para as mulheres.

A Teologia da Libertação estava demasiadamente preocupada com as questões políticas e econômicas, deixando de lado a questão fundamental do ponto de vista das mulheres, que era a "opressão" ou "silêncio" que marcava a condição feminina. Fazia-se necessário que a mulher ganhasse "visibilidade" e tivesse as suas reivindicações incorporadas na Teologia da América Latina (ROHDEN, 1995, 47)[17].

Segundo Rosado (1992), por mais que a Teologia da Libertação tivesse exaltado a participação das mulheres, ela não conseguiu apresentar um projeto próprio capaz de incorporar as reivindicações mais simples dessas mulheres. Buscou pensar o mundo e as relações humanas a partir dos pobres, "sem analisar critica-

---

[17] Para detalhes mais aprofundados no que se refere às críticas à Teologia da Libertação, consultar Rohden (1995).

mente os fundamentos filosóficos cristãos fundados em uma antropologia dualista e sexista" (GEBARA, 2004, 121). Também não teve a preocupação de levar em conta as diferenças, que poderiam estar incluídas na categoria "pobre", sobretudo no que se refere às relações de gênero. Em geral, o pobre aparecia como categoria universal, sem distinção de gênero, e o discurso da justiça social não incluía a justiça e a igualdade de gênero. Por isso, e por outros aspectos, a Teologia da Libertação foi questionada.

É a partir de uma prática concreta e de determinada análise que a Teologia Feminista questiona estruturalmente o pensamento teológico da libertação, enquanto este não está totalmente livre de pressuposições psíquicas e socioculturais patriarcais, seja em seu discurso/prática ou em suas mediações hermenêuticas e epistemológicas (SUAIDEN, 2003, 147).

Por meio da análise crítica, tomando por base categoria de gênero, a Teologia Feminista trouxe certa novidade para dentro do campo do saber teológico, ou seja, assumiu um posicionamento político reivindicando outras formas de relações sociais e políticas. Ela encontrou na categoria de gênero uma possibilidade mais ampla para problematizar a produção histórica das subjetividades femininas e masculinas. Com isso, a Teologia Feminista trouxe também questionamentos à Teologia da Libertação e às outras teologias, por estabelecer outra ordem nas relações de poder e na construção do saber (SUAIDEN, 2003).

Contudo, convém dizer que, se nesse primeiro momento a crítica das teólogas era de que a Teologia da Libertação tomava o pobre como categoria universal, sem levar em conta as diferenças de gênero, a Teologia Feminista, por sua vez, tomou a categoria de gênero sem levar em conta as diferenças dentro do próprio gênero, uma vez que partia das experiências de opressão das mulheres pobres, também tomadas como sujeito universal.

As questões aqui pontuadas nos permitem pensar que a Teologia Feminista não é um discurso totalmente novo, mas uma proposta alternativa porque se constituiu dentro dos mesmos pressupostos teóricos da Teologia da Libertação, que partia do contexto de opressão dos pobres. Entretanto, a Teologia Feminista distingue a diferença dentro da categoria pobre, ou seja, assume como objeto as mulheres pobres, partindo de suas experiências de opressão e de luta por libertação, o que, segundo Wanda Deifelt (2003), constituiu-se em uma chave epistemológica e fonte de reflexão ou, nas palavras de Marga Ströher (2005), o eixo central da Teologia Feminista.

Para a teóloga Elisabeth Schüssler Fiorenza (2002), as teologias fundadas nas teorias feministas são discursos opostos e alternativos aos da teologia tradicional masculina. Contudo, elas nunca são independentes dos discursos dominantes da própria sociedade ou instituições. Ao contrário, acham-se inevitavelmente emaranhadas e entrelaçadas com o discurso acadêmico e religioso, uma vez que atuam sob a influência dos termos por ele colocados. Portanto, as teorias feministas e teológicas são mais bem entendidas como "intervenções retóricas e como luta em torno de significado, verdade, valores e visões. Assim, a articulação de uma Teologia Feminista constitui não somente uma intervenção intelectual como política e religiosa" (FIORENZA, 2002, 55).

Nessa direção, e no sentido foucaultiano, podemos pensar a Teologia Feminista como um discurso entrelaçado e acoplado aos discursos acadêmicos masculinos, uma vez que a sua insurreição se origina da resistência ao poder discursivo e simbólico que silenciava, ocultava, discriminava e excluía as mulheres de determinadas esferas eclesiais e, ao mesmo tempo, atua sobre e influencia tais saberes com a produção de novos significados, compartilhando da mesma tarefa crítica e política dos diferentes saberes feministas. Na visão da socióloga Miriam Adelman, essa tarefa crítica inclui três grandes ações:

> a) a desconstrução do discurso masculinista sobre a "mulher"; b) a desconstrução do discurso sobre o "homem" universal, demonstrando como ele foi elaborado a partir do referencial da experiência de uma categoria particular de homens; c) o ato de repensar a socie-

dade também a partir das experiências das mulheres (e, portanto, igualmente dos homens, mas não mais como "norma" universal) em toda a sua historicidade e especificidade, isto é, a partir das relações de poder entre os gêneros e sua interseção com outras relações sociais, particularmente as de classe, raça/etnicidade e orientação sexual (ADELMAN, 2009, 95).

Evidentemente, essa mesma tarefa crítica tem sido assumida pela Teologia Feminista, a qual se caracteriza, também, por um forte acento no projeto político de positivação do feminino, segundo as proposições do feminismo da diferença. Ao propor uma nova definição do feminino, essa teologia pode ser considerada um saber insurgente que se traduz como estratégia importante de enfrentamento de uma visão patriarcal. Trata-se de um saber alternativo de cunho político, porque busca a emancipação das mulheres, propondo temas e perspectivas metodológicas novas, como buscamos evidenciar no próximo capítulo, a partir da descrição e de incursões analíticas sobre a literatura da Teologia Feminista.

CAPÍTULO CINCO

PERSPECTIVAS TEÓRICO-METODOLÓGICAS DA TEOLOGIA FEMINISTA

Poder-se-ia perguntar em que a teologia protagonizada por teólogas que se definem feministas se diferencia dos discursos teológicos masculinos. Partimos da concepção de que a produção das teólogas feministas constitui discursos alternativos aos hegemônicos, cuja luta se foca em torno do campo dos significados e valores e, portanto, do simbólico. Trata-se de uma intervenção intelectual, política e religiosa. Assim, uma primeira estratégia política dessas teólogas foi a de recuperar as figuras femininas que haviam sido ocultadas pela escrita masculina na história do cristianismo e a de ressignificar o simbólico, no intuito de dar visibilidade à ação histórica das mulheres e de afirmar positivamente o feminino. Essa estratégia aparece como uma forma de denúncia à suposta neutralidade e à parcialidade dos discursos teológicos, o que, certamente, exigiu novas perspectivas metodológicas para analisar uma variedade de fontes. Assim, é possível considerar que a alteridade da Teologia Feminista, em relação à teologia tradicional, situa-se na metodologia, pautada em pressupostos feministas, que elas utilizam para desnaturalizar crenças e ressignificar conceitos, imagens e símbolos produzidos pelos discursos masculinos, bem como a inserção de novos temas e conteúdos teológicos, como estaremos apontando no decorrer deste capítulo.

Segundo a literatura de teólogas feministas, um dos aspectos diferenciadores se localiza no uso do método da *hermenêutica crítica feminista*, sugerido por Fiorenza (1995). Na verdade, o método da interpretação hermenêutica é utilizado também na teologia produzida pelos homens, mas o diferencial é que eles não assumem os pressupostos teóricos do feminismo. A perspectiva feminista da hermenêutica coloca acento na *suspeita* e na *imaginação*, que apresenta potencial para a crítica que se pretende, ou seja, para a desconstrução dos significados reproduzidos pelo discurso patriarcal em relação às mulheres. Para as teólogas, a hermenêutica da suspeita e da imaginação possibilita confrontar as interpretações e desconstruir significados produzindo uma nova leitura bíblica. Segundo Oliveira (2006, 3),

> A hermenêutica da suspeita é um exercício que confronta interpretações conservadoras; desconstrói paradigmas androcêntricos e patriarcais dos textos bíblicos e os reconstrói com referenciais libertadores; pergunta pela ideologia que envolve o texto, os protótipos e estereótipos; pergunta pelo tipo de sociedade, pelas relações de poder entre homens e mulheres, das mulheres entre si, dos homens entre si. A hermenêutica da imaginação intui a possibilidade de uma imaginação criativa como uma regra metodológica fundamental no processo interpretativo. A imaginação criativa viabiliza a capacidade de pensar um mundo diferente e melhor.

A teologia produzida com base nessa metodologia, na América Latina, inicialmente se chamou *teologia na ótica da mulher*, porque se partia do olhar e das experiências de um sujeito que na sua posição de gênero era mulher. Considerava-se que a categoria de experiência das mulheres e a hermenêutica da suspeita aos discursos androcêntricos possibilitavam produzir uma teologia diferente, não mais universal e abstrata, mas sim concreta e "próxima da vida", o que permitia trazer para o universo teológico outros valores[1].

Para a teóloga Elza Tamez (1995), essa perspectiva metodológica foi valorizada tanto pelos teólogos como pelas teólogas da libertação, porque permitia que se recuperassem aspectos que os homens não foram capazes de perceber ou intuir. Valores que os guardiões da ortodoxia acadêmica não poderiam negar por resultarem de uma reflexão da "experiência de fé das mulheres", que tomava como base a sagrada escritura. Delir Brunelli (2000) argumenta que a teologia elaborada pelas mulheres, nesse primeiro momento, não só contemplava o aspecto da racionalidade, mas abrangia também outras dimensões humanas das experiências concretas das mulheres no seu jeito de viver o cotidiano e de celebrar a fé em comunidade. Nessa teologia, elas também levavam em consideração que o processo de "libertação" das mulheres necessitava de um novo modelo de sociedade, cuja questão era acenada pelos teólogos da libertação, quando pensavam a emancipação social dos pobres. Desse modo, ao assumirem como questão central de sua teologia a "libertação" das mulheres, elas continuavam "seguindo a proposta metodológica da Teologia da Libertação" (BRUNELLI, 2000, 213), o que podia ser facilmente valorizada pelos seus pares masculinos, adeptos dessa perspectiva teológica.

Essas considerações nos permitem pensar que a teologia produzida pelas teólogas não mexia na estrutura dura dos principais

---

[1] Essa perspectiva aparece em quase todas as falas das teólogas latino-americanas nas entrevistas concedidas a Elza Tamez, no decorrer dos anos de 1987 e 1988, publicadas por Edições Loyola em 1995.

conceitos teológicos, porque se tratava de um conhecimento que se acoplava ao pensamento dos teólogos da libertação. Contudo, para além desse aspecto, essa teologia permitia às mulheres uma *ética de si* no processo de agenciamento e de produção de saberes, cuja tarefa lhe havia sido historicamente negada. Isto é, elas se constituíam sujeitos femininos de saber, assumindo o poder de enunciação e de reflexão sobre si e sobre suas experiências. Trata-se de um processo que também produzia deslocamentos subjetivos, ou seja, de uma subjetividade considerada desqualificada para o saber, para uma nova reinvenção da subjetividade feminina, em que elas se sentiam capazes de se apropriar dos instrumentos racionais de produção do conhecimento, conjugados com as próprias experiências cotidianas. E, segundo Ana Bach (2010), a categoria de *experiência*[2], assumida nas teorias feministas e dos estudos de gênero, tem sido central para os processos de produção do conhecimento e, consequentemente, na construção de novas subjetividades femininas.

De igual maneira, observa-se que, na produção de teologias feministas, nos últimos anos, as experiências das mulheres, com acento em sua diversidade, além de ser consideradas ponto de partida e fonte do fazer teologia, constituíram-se, também, em um conceito-chave para a epistemologia feminista, por ser uma posição normativa na articulação e reflexão teológica. Ou seja, constitui-se em um critério de avaliação e de discernimento diante das verdades universais que ocultavam as experiências das mulheres nos conteúdos teológicos (DEIFELT, 2003). Para Ruether (1993), uma das pioneiras entre as teólogas feministas nos EUA, a experiência das mulheres é o que dá a singularidade da Teologia

---

[2]   Ana Bach (2010) menciona que a noção de experiência se encontra nas origens da cultura ocidental. Atualmente, apela-se a ela a partir da antropologia, da sociologia e da história. Porém, ela não foi valorizada positivamente nos processos de produção do conhecimento, sobretudo pela perspectiva de uma epistemologia racional e universal. Entretanto é no feminismo que ela passa a ser uma categoria importante, sendo definida também como uma categoria sexuada.

Feminista, já que no passado ela permaneceu ausente dos discursos teológicos.

A experiência humana é o ponto de partida e de chegada do círculo hermenêutico; [...] a *singularidade da Teologia Feminista não reside no simples uso da experiência, mas, antes, no uso da experiência das mulheres,* que no passado foi inteiramente excluída da reflexão teológica (RUETHER, 1993, 18. Grifo da autora).

Quando as teólogas falam das experiências das mulheres, incluem a experiência de fé, entendida também como uma experiência espiritual da revelação divina que pode ser enunciada e que precisa ser valorizada no processo de elaboração teológica. A reflexão teológica tradicional, como atividade exclusivamente masculina, foi baseada na revelação divina ou na percepção de Deus segundo o olhar desse sujeito. Daí a insistência das teólogas feministas na valorização das experiências das mulheres, inclusive das experiências de fé, ou seja, da forma como elas sentem e percebem Deus nas suas vidas e nos acontecimentos do cotidiano. Segundo a teóloga americana Ruether (1993, 18), "nossas experiências definem nossa percepção de Deus, de nós mesmas, das pessoas e do mundo que está a nossa volta. Ao fazer essa afirmação, o feminismo rejeita a assim chamada neutralidade acadêmica, em que se acredita que pode haver um distanciamento entre sujeito e objeto". Cabe, então, perguntar: como a experiência de fé se articula na produção do saber teológico?

Essa questão pode ser compreendida dentro da concepção epistemológica do saber teológico, que abordamos no primeiro capítulo desta obra, quando descrevemos sobre a especificidade do pensamento teológico em relação aos outros saberes. Retomamos aqui alguns aspectos nos remetendo ao pensamento de Libânio e Murad (2011). Para esses autores, a teologia é um esforço reflexivo sobre Deus e a vivência que se tem de Deus. Assim, a teologia toma como ponto de partida a crença e a experiência de fé individual e coletiva do sujeito do conhecimento, o que implica que este sujeito esteja integrado em uma comunidade cristã. Na epistemologia do saber teológico, a experiência de fé, refletida à luz da razão, pela perspectiva hermenêutica das ciências humanas, é o que possibilita a função crítica da teologia, que só pode ser construída "desde dentro", ou seja, desde uma inserção e experiência de engajamento em uma comunidade cristã. Não se trata de um estudo sobre a fé ou sobre a comunidade religiosa de fé, que pode ser estudada por outras ciências (LIBANIO; MURAD, 2011).

Considerando essas exigências específicas para a produção do conhecimento teológico, parece fazer sentido a importância que as mulheres dão às suas experiências de fé, como um elemento significativo na produção da Teologia Feminista, inclusive quando pretendem desconstruir, politicamente, os significados sobre a hierarquia e a divindade, produzidos segundo a visão e a experiência de fé dos sujeitos masculinos, ou seja, no sentido que dão à percepção de Deus. Ao estar em posição de sujeito de saber, as mulheres podem, agora, ressignificar os discursos androcêntricos, partindo de suas experiências do cotidiano e também da forma como percebem a manifestação de Deus na vida pessoal e na comunidade cristã. Isso porque elas tomam consciência de que, como mulheres, também podem experienciar a presença da divindade em suas vidas, questão que parecia ser, até então, um privilégio masculino.

Se tomarmos as concepções teóricas de Tereza de Lauretis (1984) para entender a experiência de fé ou a experiência espiritual, no sentido da percepção de Deus na vida concreta, que é valorizada pelas teólogas no processo de elaborar Teologia Feminista, podemos dizer que essa experiência é produzida socialmente e não parte de uma singularidade exclusivamente feminina. Quando Lauretis teoriza a experiência leva em consideração a produção dos significados por meio de um processo de interação social, que possibilitam um processo de construção e de ressignificação da subjetividade. Nesse processo ela dá importância à linguagem e, de modo particular, aos signos e à *semiótica*[3] para caracterizar a

---

[3] Teoria que estuda os fenômenos culturais como sistemas de significação.

experiência e, em particular, a experiência das mulheres. Por isso, em sua teoria, a sexualidade tem um papel central, porque influencia, por meio da marca genérica, não só a experiência social da subjetividade feminina, mas também a experiência pessoal da condição das mulheres. Assim, ela consegue "vincular temas fundamentais para o feminismo, como a subjetividade, sexualidade, corpo e atividade política" (BACH, 2010, 35).

Em Lauretis a experiência sempre pode ser ressignificada porque ela está vinculada ao processo contínuo de interação da subjetividade com o mundo, "não mediante ideias ou valores externos, causas materiais, mas com o compromisso pessoal, subjetivo, das atividades, dos discursos e das instituições que dão importância (valor, significado e afeto) aos acontecimentos do mundo" (LAURETIS, 1984, 253). Nesse processo, uma pessoa se coloca a si mesma na realidade social e com isso percebe-se e se apreende como algo subjetivo (referindo-se a si mesma ou originária nele) às relações materiais, econômicas e interpessoais, que são sociais e históricas. Assim, é ao efeito dessa interação com a realidade social (e para as mulheres inclui as relações sociais de gênero) que Lauretis chama de experiência. Ela define a experiência "como complexo de hábitos resultado da interação semiótica do 'mundo exterior' e do 'mundo interior', uma engrenagem do sujeito (eu) na realidade social" (LAURETIS, 1984, 284).

Partindo das concepções teóricas de Lauretis, podemos compreender que a experiência espiritual das mulheres não é algo universal, mas são experiências contextuais que assumem diferentes significados como efeito da interação reflexiva dessas mulheres com o mundo, com seu engajamento subjetivo, em um determinado universo cultural religioso, que tem seus significados e valores produzidos, também em relação ao gênero. Essa produção de significados passa a ter importância pessoal parecendo ser uma experiência específica do sujeito. Desse modo, o "perceber Deus do modo feminino" também tem a ver com significados que foram incorporados e, por isso, não são parte de uma singularidade feminina própria e nem uma experiência única, como parece apontar o discurso de algumas teólogas. Contudo, é possível constatar que existe um discurso que é compartilhado e que valoriza o ponto de vista das experiências cotidianas das mulheres, como uma postura política do vir a ser sujeito de produção do saber teológico e de marcar esse lugar, historicamente considerado masculino, por valores vinculados ao universo feminino, que podem ser facilmente aceitos pelos pares. Um discurso que aparece conectado com as proposições do feminismo da diferença e que, politicamente, tende a valorizar o sujeito feminino e suas experiências como significativas para a construção de processos igualitários.

5.1. NOÇÕES DE DIFERENÇA E DE EXPERIÊNCIA NA TEOLOGIA FEMINISTA

A noção de singularidade feminina na relação com Deus é recorrente na análise que a antropóloga Fabíola Rohden (1996) faz do discurso da Teologia Feminista das Católicas do Rio até 1994. Nessa análise, em uma espécie de analogia, Rohden aproxima a Teologia Feminista, assumida pelo caminho da diferença, do pensamento romântico alemão do século XIX. Apesar de hoje haver outras compreensões produzidas por parte dos sujeitos – "teólogas que se definem feministas" –, é importante pontuar alguns aspectos dessa análise.

Segundo Rohden, as teólogas feministas diziam produzir saber de um modo diferente dos homens porque assumiam uma nova perspectiva hermenêutica e por possuírem uma "experiência de fé diferente"[4]. Isto é, a "espiritualidade feminina" era percebida como dotada de características singulares, como uma predisposição para a relacionalidade, gratuidade, sensibilidade, mistério que define um sentir Deus de outro modo. Essa referência ganhou cores, por meio do resgate das heroínas bíblicas, na relação com as

---

[4] Esse aspecto foi recorrente nas narrativas das mulheres de nosso estudo de tese de doutorado.

mulheres pobres das comunidades eclesiais. Também se investiu na reflexão de uma nova compreensão das imagens de Deus, da Trindade, de Maria, de Eva e das passagens em que Jesus ou os apóstolos davam destaque às mulheres de seu tempo. Essa estratégia, segundo Rohden, tinha uma função política que era visibilizar as mulheres, que foram ocultadas pela história da Igreja cristã ou que ocupam um lugar submisso nas comunidades e de uma "feminização" dos conceitos teológicos, marcados pelo privilégio feminino (ROHDEN, 1995).

Nessa literatura, as teólogas tendem a assumir a noção de experiência vinculada à crença de que existem características universais específicas do universo feminino, por isso diferente do masculino, o que as levou, em um primeiro momento, a assumir a posição de um sujeito feminino universal, que se opõe ao masculino também universal. A partir dessa perspectiva, acreditavam que a sua escrita teológica se afastava de uma relação puramente racional, fria e abstrata, porque pela experiência – que lhes era singular – do afeto, de gerar vida e de cuidar, elas diziam estar mais próximas da vida e de Deus e, consequentemente, os seus relatos apresentavam um Deus concreto e humano, conforme Rohden (1996, 107) também tem mencionado.

> Porque sentem Deus de outro modo elas expressam uma experiência amorosa e afetiva com Deus numa relação apaixonada e apaixonante onde a totalidade do *ser* participa por inteiro. Geradoras e sustentadoras da vida elas sentem uma cumplicidade com quem protege quem tem menos vida, o Deus da Vida.

Essa concepção de uma ética da vida, ainda aparece bem presente no pensamento de uma das maiores teólogas feministas do Brasil, como podemos ler abaixo.

> Nós frisamos muito mais as relações éticas, em vez de ficar o tempo todo falando que Jesus é a segunda pessoa da trindade, o filho de Deus, "está sentado à direita de Deus Pai todo-poderoso", a gente frisa uma dimensão ética. Ou seja, "eu tive fome e me deste de comer, eu tive sede me deste de beber". Isso é uma relação ética (GEBARA, 2019, s.p.).

É possível perceber a existência de uma noção de uma experiência feminina universal embebida pelas correntes do social e do biológico e perpassada pela importância da cultura e do corpo feminino. Aqui, não se considerava a diversidade de experiências femininas marcadas pela cultura, classe, geração, raça, mas antes se valorizavam atributos universais associados à construção social da diferença feminina (afeto, paixão, corpo) que, ao longo da história, foram considerados culturalmente inferiores e impróprios para o mundo da razão. Poder-se-ia dizer que, com isso, elas realizam uma espécie de *contramemória* ou de *transcendência*, no sentido de Irigaray (2010), ou seja, a luta política era por positivar os valores e os significados do feminino que foram concebidos como "pejorativos" no discurso da teologia tradicional.

Para essas teólogas, os valores femininos inseridos na teologia objetivavam uma "produção diferente" do pensamento teológico tradicional, mas também importante, uma vez que essa produção era avaliada por elas como "mais concreta e próxima da vida". Com essa conduta, elas acabavam assumindo uma posição de um novo sujeito universal, que é mulher, dona de uma experiência singular. Aparentemente, essa postura tende a cair na armadilha de uma nova essencialização, cuja questão tem sido problematizada e criticada pelo feminismo. Entretanto, dentro da poderosa e patriarcal instituição eclesial, isso pode ser lido como uma estratégia política necessária. Gayatri Spivak (1985)[5] apud Costa (2002, 72) considera que "invocações públicas da 'mulher' como 'essencialismo positivo' ou 'estratégico' é ainda uma posição que as feministas devem arriscar, embora 'conscientes quanto aos limites do (auto)posicionamento – individual e coletivo' – de forma que este possa ser estrategicamente efetivo"[6].

---

[5] SPIVAK, GAYATRI C., Interview with Angela McRobbie. *Block* (10), 1985, 5-9.

[6] Spivak também alerta que tal postura deve ser tomada em constante vigilância diante do risco da essencialização. Judith Butler (2007) critica Spivak e escolhe o conceito de "posicionalidade estratégica" ao invés de "essencialismo estratégico" a fim de alertar sobre os perigos políticos do uso dos signos identitários.

Segundo Rohden, por meio do contato com as vertentes do feminismo, as teólogas católicas do Rio fizeram a escolha pelo privilégio da diferença como estratégia política de luta por igualdade e pelo reconhecimento do sujeito "mulher" no espaço acadêmico e nas práticas pastorais. Com isso, elas não estavam se opondo ao feminismo da igualdade, mas, ao privilegiarem os valores femininos, assim como o romantismo alemão, parecem "investir em uma proposta de universalização de um novo conjunto de valores, operando uma inversão da hierarquia entre os polos anteriormente englobados que agora passam para um nível superior" (ROHDEN, 1996, 115).

Segundo Rohden, essa posição das teólogas católicas era uma escolha consciente e estratégica. Isso porque, nos anos de 1990, elas estabeleceram um diálogo maior com as feministas e começaram a incorporar os marcadores da diferença e o conceito de gênero como contribuições úteis para a reflexão teológica e para as suas práticas pastorais. Nesse cenário, elas se afastaram das posturas feministas consideradas "mais radicais". Foi nesse período que elas começaram a discutir se eram feministas ou não. Elas tomaram consciência de que haviam centrado seus esforços em torno do resgate e da visibilização das mulheres na história do cristianismo e da "feminização" de conceitos teológicos e que, em função de uma sociedade mais igualitária, precisariam mexer nas estruturas do pensamento. Mas, segundo Rohden, elas assumiram o "feminismo da diferença" e do ecofeminismo[7], porque esta corrente priorizava os valores culturais femininos, que haviam sido desprezados na cultura patriarcal, sobretudo no universo teoló-

---

[7] A corrente do pensamento ecofeminista tem relação com o movimento do ecofeminismo, que teve sua origem de diversos movimentos sociais (mulheres, pacifista e ambiental) na década de 1970. Esses movimentos se uniram na luta contra a construção de usinas nucleares. O movimento ecofeminista afirma haver uma relação estreita entre a exploração e a submissão da natureza, com a dominação das mulheres e dos povos estrangeiros, pelo poder patriarcal. Como teoria, o ecofeminismo propõe a ruptura com as relações de gênero baseadas na lógica binária, pois considera que, da mesma forma que a mulher, a natureza também tem sido tratada pelos princípios da hierarquia e dominação patriarcal (RESS, 2004).

gico. Essa era a proposta que se apresentava mais próxima dos trabalhos que elas vinham realizando, de modo que acreditavam que, pela valorização da "cultura feminina", encontrariam uma alternativa "ética e ecológica" para o mundo atual, permeado pela lógica competitiva do mercado. Assim, por meio da aproximação com a corrente do "feminismo da diferença", as teólogas foram reafirmando e redefinindo a sua posição em favor da "diferença" e da valorização dos "valores femininos".

Entre as propostas da perspectiva do ecofeminismo[8] ou feminismo da diferença estava a valorização da "mulher" como salvadora ecológica. Se ela sempre esteve "mais próxima da natureza", questão que era desvalorizada pelo pensamento ocidental, então se compreendia que ela também sempre esteve mais distante dos processos de destruição, que eram vinculados ao mundo público da sociedade industrial. Desse modo, de acordo com Rohden, "as teólogas parecem ser seduzidas por essa corrente, tão afim com as suas perspectivas de proximidade da mulher com a vida, com a natureza e com Deus" (ROHDEN, 1996, 99). Nesse período, a ecologia e a preocupação com a crescente destruição da natureza eram temas de reflexão da Teologia da Libertação, de modo que a passagem sobre o relato da criação, que apresentava o homem como dominador da natureza, passa a ser reinterpretada de outra maneira, isto é, o homem, como "cocriador da divindade", tinha uma responsabilidade pela manutenção e não pela destruição do ambiente em que vivia. Nesse contexto de produção e reflexão teológica, as teólogas encontraram um espaço aberto para incorporar as discussões sobre *ecologia e salvação,* ao lado das perspectivas ecofeministas, apontando que a mulher teria um papel especial no processo de "salvação do mundo", cuja interpretação contribuía para positivar a imagem do ser mulher.

---

[8] Segundo Mari Judith Ress (2004), não só Ivone Gebara, mas também Elza Tamez qualificam o ecofeminismo, com a incorporação do conceito de gênero, como uma terceira fase da Teologia Feminista na América Latina. Na visão de Ress, Gebara e Tamez são as duas teólogas de maior destaque na América Latina.

Se antes a imagem da mulher era vista como pecadora irracional e parte das forças da natureza e, consequentemente, a sua subjetividade era negada, agora ela passa a ser resgatada como um sujeito capaz de recuperar o mundo, justamente pelos mesmos atributos que antes a afastava do universo público (ROHDEN, 1996). Nesse caso, constata-se um processo de ressignificação do sistema simbólico, em favor de uma ética da diferença sexual, no sentido de Irigaray (2010), que se coloca como resistência em relação às visões dominantes de feminidade. Elas podem experimentar formas alternativas, cuja legitimação ocorre pela desconstrução dos significados produzidos pelo discurso hegemônico, mesmo que, paradoxalmente, elas continuem presas ao mesmo código simbólico a que se opõem (BRAIDOTTI, 2004), isto é, de um modelo de feminino próximo das forças da natureza e do cotidiano da vida.

Nas questões que foram pontuadas por Rohden, a posição de sujeito de saber que as mulheres assumiram, sobretudo as católicas do Rio, valorizava uma experiência feminina universal, vinculada aos papéis que socialmente foram atribuídos como parte da especificidade feminina. Isto é, havia todo um esforço pela valorização do que se produziu culturalmente como diferença sexual, como a possibilidade e uma estratégia de reinvenção de si mesmas. O que está em questão é a positividade da diferença sexual como uma estratégia política de sair do "armário da alteridade desvalorizada em que as mulheres foram confinadas" (BRAIDOTTI, 2004, 66). Essa posição política permanece dentro de uma concepção binária de gênero, em que o sujeito feminino se opõe ao sujeito masculino, em uma perspectiva universal.

Entretanto, essa estratégia utilizada pelas mulheres, conscientes ou não das contradições, contribuiu para resgatar valores pelo feminino. Virtudes necessárias à teologia, mesmo que englobadas no sistema e que nem sempre tenham ganhado valor ou reconhecimento por parte dos sujeitos da hierarquia eclesial. A estratégia política da valorização do feminino como diferença, de certo modo, trazia tensões para o campo teórico, por se colocar na contracorrente feminista, ou seja, enquanto o feminismo buscava romper com os estereótipos essencializadores, as mulheres teólogas estavam exatamente reforçando alguns atributos como uma estratégia política de visibilidade em estruturas hierárquicas em que o masculino era a norma. Assim, mesmo que o processo de ressignificação das representações de gênero realizado pelas teólogas em seus discursos apareça, paradoxalmente, vinculado aos significados do discurso teológico hegemônico, ele representa uma estratégia política de reconhecimento de um novo sujeito que produz outros discursos, fundada em outras perspectivas teóricas. Trata-se de uma teologia situada, contextual, que parte das experiências das mulheres e que resgata dimensões que haviam ficado ausentes na teologia, em geral, abstrata e universal, produzida na perspectiva do olhar masculino[9]. Ou seja, era uma estratégia que dava visibilidade às mulheres como sujeitos de saber. Se na história eclesial elas haviam sido silenciadas, agora podiam dar uma contribuição específica, que vinha de suas experiências e de seu olhar feminino, que não era o mesmo dos "discursos universais", que as excluíam como sujeitos e como objetos de saber.

Na literatura mais atual de teólogas feministas, verifica-se a inserção da noção de experiência na perspectiva de uma construção social. Por exemplo, em Deifelt (2003), a experiência é produzida por eventos, acontecimentos e percepções e posições políticas assumidas por cada pessoa. Ela menciona que as experiências das mulheres estão vinculadas aos acontecimentos que marcam as mulheres e o seu corpo de uma maneira particular. Essa posição está mais afinada com os estudos contemporâneos do feminismo, que consideram que as experiências são sempre situadas e que a identidade de uma mulher é formada por uma justaposição de múltiplas experiências, atravessadas por diversos marcadores de diferenciação social. De modo que, para Deifelt (2003, 176), a "noção de experiência inclui as várias facetas da vida

---

[9] Isso também se reafirmou nas entrevistas concedidas pelas mulheres docentes para o nosso estudo de tese.

humana, juntando os diferentes eventos que formam, informam, deformam ou conformam a vida de uma mulher". Para ela, um corpo de mulher pode estar marcado por experiências sociais de opressão, discriminação, privilégios, libertação ou luta; pode se referir às experiências de sua realidade biológica e de seu sexo, como a maternidade e a amamentação; pode trazer as marcas de processos de socialização, fundada em um regime normativo de diferenciação ensinado pela cultura; pode incluir a dimensão psicológica caracterizada pela preocupação maior com o cuidado e com relacionamentos afetivos; pode ter um caráter social de discriminação e de exclusão do poder de decisão, de limites ao acesso à educação e à participação política (DEIFELT, 2003).

A teóloga Ströher (2005, 122) também parte da compreensão de que "as experiências são diversificadas, localizadas no tempo e no espaço e constituídas a partir das particularidades de identidades e experiências corporais". Isso revela a diversidade das teologias feministas e a existência de uma produção afinada com as posições mais atuais do feminismo, que colocam em cena a pluralidade de experiências das mulheres em suas múltiplas ramificações e interconexões.

Deifelt (2003), Sampaio (2003), Ströher (2005) e Gebara (2008) mencionam que a hermenêutica feminista coloca as experiências das mulheres, em suas diversidades de raça, tradição, cultura, classe, para dentro da reflexão teológica, o que torna a Teologia Feminista "um saber sempre parcial, datado, contextualizado, ademais de ser sexuado, racificado e socialmente classificado. Um conhecimento sempre provisório" (SAMPAIO, 2003, 17). Essa compreensão, que perpassa a produção de teólogas contemporâneas, coloca-as em sintonia com tendências do feminismo que hoje optam por falar em *posicionalidades relacionais* para se referir às diferenças múltiplas entre e dentro das mulheres, em que os marcadores de gênero, classe e raça não podem ser analisados separadamente, mas sim num movimento diluente e de atravessamento de distinções e dicotomias (HITA, 2004).

Nesse sentido, na produção da Teologia Feminista aparece a compreensão de que o uso das experiências das mulheres não implica uma homogeneização de resultados, já que nem todas as experiências são compartilhadas por todas as mulheres o tempo todo. Entretanto, segundo Deifelt (2003), o patriarcalismo forneceu um grande número de experiências comuns e, nesse sentido, a Teologia Feminista tem priorizado as experiências de opressão e suas lutas de libertação como fonte de reflexão e de produção de saber. É possível considerar que, ao priorizar essas experiências, elas estariam elegendo uma forma de *conexão* ou de *afinidade,* que permite construir uma luta comum em prol da dignidade das mulheres.

Deifelt (2003) reconhece que, hoje, a Teologia Feminista, por causa da influência histórica das teorias feministas, apresenta uma variedade de propostas metodológicas. Entretanto, todas compartilham do uso do método da desconstrução e reconstrução, por meio de uma hermenêutica da suspeita e do instrumental analítico das relações de gênero. Assim, cada proposta procura responder às necessidades do seu contexto e da situação localizada das experiências das mulheres, que inclui também a experiência de fé em sua diversidade. Essa posição, evidentemente, parece colocar a produção das teologias feministas dentro da perspectiva dos saberes situados, no sentido de Haraway (1995), em que a posicionalidade, ou o lugar do qual o sujeito fala, pensa e escreve, possibilita indicar os valores que estão sendo utilizados, construídos ou interpretados, de modo que um saber é sempre parcial e marcado pela visão de mundo e pelas experiências sociais de quem o produz.

Segundo a literatura da Teologia Feminista, o fato de as teólogas incorporarem, em seu fazer teológico, o método da desconstrução das ideologias patriarcais e da reconstrução do simbólico, a categoria analítica de gênero e de poder, e ao nomearem a experiência das mulheres como categoria hermenêutica, elas, ademais de produzirem uma teologia crítica e não sexista, provocam deslocamentos epistemológicos, no modo de produzir conhecimento teológico. Para essas teólogas, é nesses aspectos que reside o diferencial de sua teologia em relação à tradicional e androcêntrica, que se pensava universal (STRÖHER, 2005).

5.2. A CATEGORIA DE GÊNERO NA TEOLOGIA FEMINISTA

No decorrer desta obra já pontuamos que, para as teólogas feministas, a incorporação da categoria analítica de gênero, na perspectiva metodológica da construção e desconstrução do pós-estruturalismo, tornou-se um instrumental de análise importante. Essa categoria possibilitou não só desnaturalizar os papéis sociais atribuídos às mulheres e aos homens, mostrando que esses são sempre construções sociais, mas também identificar como as relações de poder impõem limites e expectativas sociais, por meio da normalização dos padrões de comportamentos, aceitáveis ou não, para cada sexo (DEIFELT, 2003).

Para Delir Brunelli, a categoria de gênero se tornou um diferencial importante para a Teologia Feminista, porque representou uma nova abordagem epistemológica e metodológica, que permitiu ir além da "feminilização" de conceitos bíblicos teológicos, tarefa que haviam realizado nos primeiros momentos de sua produção acadêmica, ou seja, se tornou uma ferramenta que possibilitou desnaturalizar e desconstruir tratados que eram mais expressão de uma visão abstrata e masculina.

> A análise de gênero questiona a própria estrutura do pensamento teológico e provoca uma mudança significativa nessa estrutura. Gênero, portanto, não é só uma mediação hermenêutica, é também uma mediação epistemológica. Faz perceber que a teologia é masculina não só porque foi sempre produzida por homens, mas porque se desenvolveu numa cultura na qual o masculino era o normativo, e porque se serviu de um conhecimento filosófico produzido dessa forma. Por isso o discurso teológico "universal" é androcêntrico. Muitas afirmações apresentadas como sendo do "humano", na realidade, referem-se à experiência e à percepção masculina (BRUNELLI, 2000, 216).

A incorporação da categoria de gênero, como perspectiva epistemológica, mostra que a Teologia Feminista é parte de uma rede de pensamento, de interpretação e de desconstrução feita por mulheres em diferentes contextos, como em organizações sociais, na academia, na teologia, e coloca em cena novos sujeitos, que nesse caso são as mulheres. Para Ivone Gebara (2000), o conceito de gênero tornou factível a crítica do universalismo masculino nas Ciências Humanas como na teologia, onde existe, ainda, a predominância de um discurso androcêntrico. "Podemos dizer que os traços mais marcantes da epistemologia teológica ocidental são masculinos, isto é, que as afirmações de fé se referem à observação masculina e à produção de um discurso universal masculino" (GEBARA, 2000, 115).

As teólogas mencionadas consideram que a perspectiva analítica de gênero permitiu problematizar a produção teológica, por meio de perguntas, como: por que as mulheres foram invisibilizadas no discurso teológico tradicional? Por que a hierarquização social de sexos? Por que a apropriação masculina do sagrado? Como explicar que, historicamente, somente o masculino conseguiu controlar as práticas, os discursos e as crenças, bem como as representações de Deus? Desse processo de problematização e desnaturalização resultou uma vasta produção teológica que, amparada pelas perspectivas feministas e dos estudos de gênero, tem contribuído para a releitura das representações simbólicas de gênero dos discursos que, até então, sustentavam e legitimavam o pensamento masculino e a subordinação das mulheres, tanto nas esferas da sociedade como da Igreja.

Para Rosado (2001), a produção no campo teológico feminista, além de surpreender pela quantidade de obras publicadas, destaca-se por haver alcançado um grau elevado de institucionalização. Segundo a autora, "talvez mais que em outros campos de conhecimentos a teologia elaborada por mulheres tenha alcançado um estatuto próprio" (ROSADO, 2001, 85).

Embora se admita a existência desse estatuto da teologia produzida pelas mulheres, a antropóloga Fabíola Rohden considera que, ao contextualizar a Teologia Feminista na Igreja, é necessário olhar para duas direções:

a luta e o reconhecimento de sua produção e a inserção das mulheres na Igreja, em termos mais amplos. O reconhecimento da produção significa a admissão de que a teologia produzida por mulheres é competente e válida para a Igreja. Contudo, o "ser válida para a Igreja" significa ser válida pelos homens da Igreja, já que são eles quem ocupam os lugares privilegiados no magistério eclesial (ROHDEN, 1995, 37).

Isso, simbolicamente, coloca a produção das mulheres como uma reflexão de menor valor, que precisa passar pelos olhos de quem está na posição de poder. São eles que aprovam ou não aprovam, uma vez que, historicamente, a produção do "discurso verdadeiro" foi gerenciada e controlada por homens, em geral celibatários. Tratava-se de discursos que, na visão foucaultiana, operaram como dispositivo de poder e de controle, e aqui pode-se dizer também no que dizia respeito à sexualidade e ao papel social das mulheres.

Nesse contexto, perpassado por relações de poder, de tensões e desafios, a literatura produzida por teólogas tem apontado que elas começaram a construir um caminho para assegurar o reconhecimento acadêmico da Teologia Feminista. Entretanto, alegam que seus pares masculinos apresentavam maior interesse pela teologia produzida pelas mulheres quando ficava mais evidente o termo "teologia e gênero"[10] do que "Teologia Feminista", mesmo que, em geral, o mundo acadêmico teológico continua, ainda, muito alheio e resistente em relação a essas perspectivas teóricas (BRUNELLI, 2000)[11]. Por outro lado, esse saber é policiado e controlado por parte daqueles que, segundo Ivone Gebara, são os guardiões da ortodoxia.

---

[10] Vale enfatizar que esse era o cenário dos anos 1990, pois hoje o conceito de "gênero", dentro das estruturas da Igreja, é visto com suspeita e vem sendo compreendido de forma equivocada.

[11] Pode-se dizer que esses mesmos desafios, dificuldades e resistências se encontram em outras áreas acadêmicas, como é o caso da Sociologia, que foi apontado no estudo de Miriam Adelman (2009).

[...] as academias confessionais são marcadas por um rigoroso controle epistemológico, de tal maneira que o teologizar livre não é permitido. A busca teológica esbarra sempre com a força coercitiva dos guardiões da ortodoxia ao ponto de avanços acadêmicos serem muitas vezes cerceados. O policiamento é introjetado pelas/os próprias/os intelectuais, na medida em que veem o próprio futuro profissional, dependente das instituições, ameaçado (GEBARA, 1993, 6).

Essas dinâmicas de poder e de controle, presentes nesse campo de saber, parecem construir fronteiras e limites e, de certa maneira, tendem a impedir que as teólogas incorporem em sua produção perspectivas e temas mais "quentes" da agenda política feminista. Por outro lado, elas mesmas incorporam a vigilância, como menciona Gebara, numa espécie de autocontrole de si, no sentido de Norbert Elias (2001), em favor de uma "sobrevivência possível" no espaço acadêmico. Ao optarem por uma perspectiva feminista "menos agressiva", elas parecem pesar os ganhos e interesses profissionais que podem vir a ter, permanecendo dentro das estruturas das instituições teológicas, sem causar grandes rompimentos[12].

Ademais dos limites, das tensões e das contradições, a opção de teólogas da América Latina por uma determinada perspectiva de produção do saber foi gerando, ao mesmo tempo, um processo emancipatório de um novo sujeito que começou a se legitimar no universo teológico, até então exclusivamente masculino. Trata-se de um sujeito "mulher" que produz uma teologia alternativa, porque produz novos significados na sua relação com o discurso teológico tradicional masculino. Uma teologia pautada em instrumentos teóricos feministas, que incluem as experiências vividas e situadas das mulheres, as quais permitem desnaturalizar a universalidade, a neutralidade e a objetividade do discurso hegemônico. E, como bem lembrou Fiorenza (2002), trata-se de uma teologia que se caracteriza não só pela sua intervenção intelectual, como também pela intervenção política e religiosa, porque sua luta se produz em torno dos significados produzidos.

---

[12] Essa posição também foi evidenciada em situação de entrevista.

5.3. TEMAS E FINALIDADES DA TEOLOGIA FEMINISTA

A Teologia Feminista incorporou temas da agenda da Teologia da Libertação, porém com o foco na perspectiva das mulheres, consideradas "as mais pobres entre os pobres", em suas experiências de opressão e de libertação, cujas experiências se tornaram o eixo central do fazer teológico das mulheres. Entretanto, ela vai além das propostas de agenda da Teologia da Libertação, de modo que os referentes da experiência, da justiça de gênero e da corporeidade passam a ser critérios éticos e teológicos.

Segundo Ströher (2005), a Teologia Feminista colocou na agenda teológica temas que antes não eram considerados pertinentes, como a questão do poder, das desigualdades entre gêneros, da corporeidade, da sexualidade, da violência sexista, dos direitos reprodutivos, do ecofeminismo e do próprio método teológico, o que, na visão dessa autora, provocou deslocamentos teológicos em todas as áreas da teologia e, com isso, reafirma-se que existe uma diferença na teologia produzida pelas mulheres. Ströher acredita que, mesmo que a experiência e a ideologia patriarcal continuem inscritas nos corpos das mulheres em suas atitudes, ações e comportamentos, a Teologia Feminista está influenciando e interpelando a teologia tradicional para novos olhares, novos temas e perspectivas metodológicas, daí a sua contribuição significativa para o universo do saber teológico como um todo.

O gênero e a corporeidade, além de serem temas pontuais da Teologia Feminista, são considerados "mediações hermenêuticas" (STRÖHER, 2005, 118) do fazer teológico das mulheres. Assim como nas discussões contemporâneas do feminismo, as teólogas feministas parecem compreender o corpo não somente como uma materialidade biológica, mas como uma construção contínua, contextual, marcada por diferentes experiências sociais, relações, afetos, linguagem, de modo que a corporalidade passa a ser um critério político e ético para a produção de uma teologia crítica e contextualizada. Se, antes, os discursos teológicos apresentavam o "corpo" feminino como o lugar do pecado, do profano, do impuro e do confinamento de uma subjetividade feminina inferior e desqualificada para as ações racionais, agora ele aparece como o "lugar de resistência política" e da possibilidade de novos saberes. Isso porque é pela perspectiva do corpo, no sentido da experiência encarnada, corporificada dos sujeitos situados em um contexto concreto, que, segundo Braidotti (2004), se torna possível executar um conjunto de interações sociais.

Em relação à finalidade política da Teologia Feminista, embora já temos mencionado nesta obra, destacamos alguns pontos. Primeiro, refere-se à crítica aos valores e à visão predominantemente masculina do fazer teológico que se inscreve nas práticas discursivas, institucionais e nas representações simbólicas. Essa crítica se estende para a suposta neutralidade dos métodos teológicos e para a pretensão universalizante dos discursos masculinos. Outra crítica é direcionada aos efeitos negativos que o poder dos discursos e das representações simbólicas de gênero produziu na vida e no corpo das mulheres, construindo, ao mesmo tempo, hierarquias sexistas e desiguais nas relações sociais. A Teologia Feminista, ainda, denuncia que as desigualdades entre homens e mulheres são causadas por estruturas sociais justificadas pelos "mandatos divinos", regidos de acordo com a norma masculina e, como efeito de uma leitura cultural, que considera a "diferença sexual" feminina inferior e desqualificada para determinadas funções sociais.

Como parte dessa função crítica, observa-se que a Teologia Feminista assumiu, também, o projeto político de uma afirmação positiva do feminino, por meio da produção de um sistema simbólico alternativo. Há um esforço direcionado para a desconstrução e reconstrução do sistema simbólico que fora produzido segundo os interesses patriarcais, tomando como critério as experiências concretas das mulheres, cujo processo funciona no sentido de uma *contramemória* (BRAIDOTTI, 2004). Isso porque desestabiliza as identidades fixas reproduzidas nos discursos androcêntricos e abre novas possibilidades, não pensadas pelo imaginário masculino, que se atualizam como potencialização positiva.

Nessa tarefa, a teologia elaborada pelas mulheres, baseada em pressupostos teóricos do feminismo, inclui o esforço por recuperar e resgatar a dignidade das mulheres e a sua posição de sujeito na história do cristianismo, visando, com isso, legitimar a agência e a liderança feminina em diferentes esferas socioeclesiais. Para Gebara (2003, 166), o feminismo busca se afirmar qualitativamente diferente do mundo patriarcal, na medida em que se afasta das perspectivas hierárquicas e das construções que ainda conservam a superioridade do masculino em relação ao feminino ou que colocam o feminino em uma superioridade em relação ao masculino. Por isso, na sua visão, as mulheres têm a tarefa de sempre continuar pensando os seus símbolos, os seus valores e as suas políticas, tornando-as historicamente sempre presentes. Poder-se-ia dizer que esta é a condição para as mulheres do contínuo *devir* sujeito, um devir que vem da história, mas que sai dela de maneira diferente. É uma passagem, em que se tira a diferença de seu estado negativo, concebida pelo imaginário masculino, positivando-a a partir da diversidade das experiências das mulheres, incorporadas em seus contextos concretos. Nesse sentido, a Teologia Feminista pode ser considerada um saber insurgente e uma tecnologia com potência de produzir novas subjetividades femininas.

5.4. LIMITES E DESAFIOS PARA AS TEÓLOGAS FEMINISTAS

Na literatura feminista da teologia encontra-se uma autoanálise em relação ao valor dessa teologia para o universo acadêmico, mas também algo sobre os seus limites e desafios. Alguns aspectos já apareceram no decorrer deste capítulo. Entretanto, apenas daremos ênfase a algumas considerações que as teólogas têm ressaltado.

Segundo Gebara (2003), as teólogas feministas, em geral, já realizaram um excelente trabalho na linha da suspeita e da desconstrução das tradicionais imagens de Deus, veiculadas na linguagem e nas metáforas. Na sua concepção, os trabalhos mais sérios não buscaram somente substituir imagens masculinas por imagens femininas de Deus, permanecendo nas mesmas estruturas do pensamento patriarcal, mas foram mais longe, tentando uma simbologia aberta para conceitos centrais da teologia cristã. Por outro lado, Gebara também assinala que, devido aos constrangimentos e à discriminação das teólogas no meio acadêmico, muitas têm recuado na direção de uma posição mais crítica, permanecendo no nível das negociações com algumas concessões, para não perder um caminho já construído historicamente. Essa posição também tem sido assumida, nos últimos anos, pelas teólogas entrevistadas em nosso estudo de tese, de modo que é pertinente citar a observação crítica da teóloga brasileira Ivone Gebara:

> A Teologia Feminista da América Latina, particularmente no Brasil, não conseguiu a audiência esperada nas instituições religiosas e acadêmicas. A maioria das mulheres que se dedicam à pesquisa na linha feminista, além de serem poucas, numericamente, estão de certa forma renunciando às opções feministas radicais em favor de uma convivência menos conflitiva com a teologia tradicional nas diferentes expressões e inclusive com a Teologia da Libertação. Nesses últimos anos, elas têm perdido a força organizativa e, sobretudo, a força política nas instituições da religião. Aceitaram falar mais de gênero e menos de feminismos, sem perceber que as análises de gênero sem feminismo legitimam as mesmas estruturas patriarcais. Quando muito abrem algumas brechas na ordem estabelecida, mas não a modificam substancialmente (GEBARA, 2003, 158).

Essa questão mostra que não é suficiente incluir mais mulheres nos espaços acadêmicos da teologia, mas, antes, necessitam-se mudar as estruturas simbólicas da Igreja em sua totalidade para que de fato se construam novas relações de gênero. Hoje, segundo Gebara, o desafio continua sendo a necessidade de um novo pensamento e novas simbologias. Para essa teóloga feminista, o caminho não é mais o de se incluir na teologia já feita no passado e no presente, introduzindo nela novas problemáticas para serem refletidas, com as mesmas mediações e os mesmos conceitos do passado. Em sua opinião, trata-se de um novo processo que precisa iniciar do ponto a que já se chegou e que tem a ver com a *desconstrução* e com a *reconstrução* de conteúdos e de representações que sejam significativas, isto é, que sejam capazes não apenas de incluir as mulheres, mas de dar um sentido à existência humana e à existência do planeta na sua incrível diversidade. Para isso, Gebara afirma ser necessário um processo que incluam utopias em vista da construção de relações justas. De certa maneira, essa imaginação utópica de Ivone Gebara se aproxima das concepções de Rosi Braidotti, quando essa autora aposta na força imaginativa do devir sujeito coletivo, que vincula a história do passado com um futuro novo possível. E, assim como Gebara, Braidotti acena ser necessário construir novas formas de pensar e de reinventar-se a si mesmo, ousando novas linguagens simbólicas. Ela pensa o "simbólico como um processo dinâmico de produção de práticas significantes de uma maneira que se entrelaça as condições linguísticas e sociais dessa produção" (BRAIDOTTI, 2004, 102). É na força imaginativa e utópica que o desejo de devir sujeito é ativado como processo dinâmico e possível. Talvez seja esse o mesmo desafio que a Teologia Feminista precisa encarar.

Estendemo-nos até aqui assinalando algumas questões, mais gerais, sobre o pensamento teológico feminista, no que tange às suas opções metodológicas, conteúdos, finalidades e desafios, no intuito de que o(a) leitor(a) conheça mais sobre o potencial da Teologia Feminista. No capítulo que segue, evidenciamos como teólogas brasileiras, vinculadas ao contexto eclesial latino-americano, ocuparam as "brechas" que se abriram ou que se colocaram para construir espaços de articulação e de produção de uma teologia em perspectiva feminista.

CAPÍTULO SEIS

A PRODUÇÃO DA TEOLOGIA FEMINISTA NO BRASIL: SUJEITOS E TRAJETÓRIA[1]

No Brasil, a emergência da teologia em perspectiva de gênero, além de receber influência das teorias feministas e da teologia latino-americana, se situa dentro de um contexto socioeclesial específico, em que certos fatores eclesiais promoveram a maior participação das mulheres no âmbito eclesial. Os documentos, que resultaram do Concílio Vaticano II, da Conferência de Medellín (1968) e da Conferência de Puebla (1979)[2],

---

[1] Parte desta reflexão foi publicada na Revista REVER da PUC/SP, ano 12, n. 1, jan./jun. 2011, sob o título: "Teologia Feminista: uma voz que emerge nas margens do discurso teológico hegemônico".

[2] Essas questões são discutidas de maneira mais aprofundada no artigo "A mulher nos documentos eclesiais", de Olga Consuelo Vélez Caro, Revista REB (2003).

deram certo respaldo para que as mulheres fossem encontrando legitimidade, no processo de se constituírem em novos sujeitos teológicos, na América Latina, tanto pela inserção na docência como pela elaboração da chamada Teologia Feminista[3], mesmo que às margens das estruturas do saber teológico reconhecido. Elas se apropriaram, sobretudo, de certos aspectos dos documentos finais das conferências de Medellín e de Puebla e reformularam as suas principais opções, fazendo com que a instituição eclesial fosse desvelando o rosto humano das mulheres, o qual, até então, havia sido obscurecido pela cegueira da visão clerical masculina. Segundo Olga Consuelo Vélez Caro (2003), nenhum desses documentos enfrentou diretamente o tema das mulheres da forma como a Teologia Feminista o fez.

Isso nos leva a pensar que, mais do que uma iniciativa da hierarquia da Igreja que incluem nos documentos oficiais aspectos que abrem "brechas" para as mulheres, foram as mudanças socioculturais, as organizações das mulheres e os movimentos feministas que pressionaram a Igreja católica a se sensibilizar diante dessas lutas, abrindo certas concessões nos documentos eclesiais. Assim, consideramos que, nas instâncias eclesiais, as próprias mulheres tomaram consciência do seu protagonismo, como sujeitos históricos e foram ocupando espaços de liderança nas pastorais, uma vez abertas algumas brechas. Inseridas na ação pastoral, elas sentiram a necessidade em buscar uma formação superior mais aprofundada na área bíblico-teológica, cuja afirmação tem sido confirmada nas entrevistas realizadas.

Pode-se dizer, então, que a interação com a realidade eclesial e social e a consciência dos limites que esse lugar social e normativo impôs ao universo feminino fez com que um grupo de mulheres despertassem o desejo de ser sujeito de saber e de ação no cenário eclesial. Ou seja, é na relação consigo mesma, com a sua experiência no meio eclesial e social que elas se redescobrem

---

[3] Um aprofundamento maior sobre os antecedentes históricos e eclesiais pode ser encontrado em Furlin (2011).

sujeito, criando as suas possibilidades de agência, no sentido de Butler (2009a). Uma dessas estratégias do devir sujeito de saber foi ocupar os lugares da formação e do ensino teológico, em um universo de saber que necessitava ser democratizado.

Nessa perspectiva, a inserção das mulheres no universo do *saber/poder* teológico criou as condições de sua própria agência. Elas foram desconhecendo o lugar que a teologia androcêntrica tradicional, como "discurso de verdade"[4] e como cultura eclesial, lhes havia destinado no decorrer da história. Essa postura autoconsciente e reflexiva fez com que as mulheres produzissem uma teologia a partir de suas experiências, cuja iniciativa aparece vinculada à sua inserção no ensino superior.

Nesse sentido, a seguir faremos a memória de fatores, estratégias e iniciativas de articulação que consolidaram a Teologia Feminista no Brasil em sua relação com a da América Latina. Isso porque, nas trajetórias estudadas, tal questão aparece como um caminho que permitiu que elas ocupassem um lugar no ensino de teologia; que produzissem uma autorrepresentação de si, tecendo novos significados para a subjetividade feminina. Em certa medida, isso também lhes agregou *capital simbólico*, no sentido de uma posição mais visível no campo da produção teológica, o que deu sustentação às suas lutas e à possibilidade de conviver com as tensões das práticas discursivas institucionais e, mais importante, a produzirem-se como âncoras e suportes de um sujeito em ação, uma *ética de si*.

6.1. CAMINHOS E "LUGARES" DA TEOLOGIA FEMINISTA NO BRASIL

Além dos fatores já citados, que abriram "brechas" ou espaços quase invisíveis para as mulheres no âmbito eclesial, a sua entrada na teologia, tanto na produção quanto no ensino, foi fortale-

---

[4] Na concepção de Foucault (1999c), o discurso de verdade é o que inscreve na norma vigente.

cida pela articulação e realização de vários encontros de reflexão teórica, em nível nacional. Essa trajetória revela que o emergir e o constituir-se sujeito feminino de saber teológico é resultado de estratégias de resistência reflexiva, criativa e ativa das próprias mulheres, que se colocaram como protagonistas da mudança de mentalidade e da reinvenção da própria subjetividade, no interior da comunidade eclesial.

Nessa perspectiva, consideramos importante relatar a trajetória que as teólogas fizeram no Brasil no processo de constituírem-se sujeitos de saber, dando destaque à elaboração do que se chamou Teologia Feminista. Uma produção que aos poucos foi se consolidando no universo acadêmico, mesmo que sob dinâmicas de tensões, de marginalidade, de resistência e de não incorporação de sua contribuição nas metodologias e nos conteúdos curriculares. É possível considerar que foi partindo das *"margens"*, no sentido da marginalidade elegida como espaço estratégico de criatividade e de poder, que se criaram as condições para a reflexão, consolidação e visibilidade da produção das teólogas e docentes. Contudo, vale recordar que as críticas e a produção reflexiva produzida pela Teologia Feminista não se restringem ao universo religioso católico, porque o fazer teológico das mulheres na América Latina se fortaleceu por meio de uma trajetória de articulação, sobretudo entre católicas, luteranas e metodistas.

No Brasil, essa trajetória aparece vinculada à reflexão da Teologia da Libertação, a partir do primeiro Encontro da Associação Ecumênica de Teólogos do Terceiro Mundo (ASETT)[5], em 1979, realizado no México, cujo tema versava sobre as questões socioeclesiais que preocupavam a teologia. Uma das conclusões desse encontro foi a necessidade de se valorizarem as CEBs como um espaço significativo para a liderança das mulheres e a urgên-

---

[5] Convém mencionar que, no início da trajetória da produção feminista, as teólogas católicas se articulavam com as de outras confissões religiosas. Assim, mesmo que o nosso recorte seja pelas católicas, não podemos negar essa parceria que existiu e que continua existindo em distintos momentos.

cia de uma produção teológica feminina. Isso, sem dúvida, foi um elemento-chave para o processo de mobilização e de articulação das teólogas. Nessa perspectiva, a teóloga metodista Elsa Tamez[6], que coordenava a Comissão Latino-Americana das Mulheres da ASETT, reuniu em 1984, na Colômbia, teólogas de diferentes países e de diferentes confissões religiosas visando iniciar um processo de articulação de encontros regionais e nacionais, que culminariam com um evento intercontinental[7].

Foi nesse contexto que, no Brasil, as teólogas começaram a se articular em torno de uma produção teológica distinta, que partia do ponto de vista das experiências das mulheres. Entre as pioneiras dessa trajetória estavam também as teólogas católicas e professoras da Universidade Santa Úrsula[8], do Rio de Janeiro: Ana Maria Tepedino, Delir Brunelli, Margarida Brandão, Maria Clara L. Bingemer, Maria José Rosado Nunes e Tereza Cavalcanti. Foi esse grupo que iniciou a organização de encontros ecumênicos nacionais de teologia na "Perspectiva da Mulher", cuja terminologia foi utilizada para nominar o que mais tarde se chamou Teologia Feminista.

Assim, entre 1985 e 1992 foram realizados cinco encontros nacionais, com temas que se referiam às teologias produzidas na "perspectiva da mulher", em seus diferentes desdobramentos temáticos, nos quais participaram teólogas católicas e protestantes[9]. Nos últimos encontros, elas chamaram uma assessoria interdisciplinar no intuito de dialogar com os saberes de outras áreas do conhecimento também produzidos em abordagens oriundas das

---

[6] Teóloga nascida no México e radicada na Costa Rica.

[7] Do Brasil participou a socióloga Maria José Rosado Nunes, que depois assumiu mobilizar e articular as teólogas brasileiras, em vista também de um primeiro encontro latino-americano de mulheres teólogas.

[8] A Universidade Santa Úrsula (USU) era uma instituição privada, com sede na cidade do Rio de Janeiro. Foi fundada em 1937 por um dos maiores pensadores católicos, Alceu Amoroso Lima. No Rio, essa universidade foi a primeira a abrir vagas para mulheres. No período de nossa pesquisa, oferecia 18 cursos de graduação, e entre eles o de teologia, e vários cursos de pós-graduação.

[9] Mais detalhes desses encontros, consultar Furlin (2011).

teorias feministas e dos estudos de gênero. Houve abertura de espaço para a participação de mulheres filiadas às tradições não cristãs, como candomblé, congados, indígenas. Nesses encontros, além de temas que versavam sobre a situação das mulheres, foram incorporadas outras problemáticas sociais, o que revela o forte vínculo das teólogas brasileiras com a metodologia da Teologia da Libertação, como já o mencionamos. Os registros indicam que o encontro de 1992 foi o último desta primeira fase de articulação nacional. A divergência das tendências entre as católicas e protestantes sobre a agenda de lutas políticas foi um dos motivos pelos quais não se realizaram mais esses encontros. Contudo, as católicas continuaram integrando a comissão nacional dos estudos de Teologia Feminista, junto à Sociedade de Teologia e Ciências da Religião (SOTER)[10], que visa buscar estratégias e espaços para divulgar o trabalho e a produção feminista, entre os(as) teólogos(as).

Os encontros nacionais das teólogas que produzem teologia desde a "perspectiva da mulher" não envolveram diretamente as instituições onde essas mulheres exercem a docência, mas foram articulados pelo Instituto de Estudos da Religião (ISER)[11], por meio do Programa Mulher e Teologia, que mais tarde passou a se chamar Programa Sofia: Mulher, Teologia e Cidadania. Foi nesse espaço estratégico[12] que algumas das mulheres consideradas pio-

---

[10] A SOTER é uma sociedade civil, sem fins lucrativos, fundada em julho de 1985 por um grupo de teólogos e teólogas. No período da pesquisa, integrava 350 membros (teólogas, teólogos e cientistas da religião). Realiza, anualmente, um congresso internacional para discutir um tema relevante para a Teologia e para a Ciência da Religião. As exposições, conferências e reflexões são, posteriormente, compiladas em um livro que circula no meio acadêmico, sobretudo nas áreas afins. O evento da SOTER é bem avaliado pela Capes.

[11] O Instituto de Estudos da Religião é uma organização da sociedade civil comprometida e dedicada à causa dos direitos humanos e da democracia. Sua trajetória de mais de 40 anos é marcada por mudanças e adaptações a cada tempo. Agregou diferentes atividades como: promoção de estudos, conferências, seminários, publicações e assessoria no campo da cultura e da religião. A partir de 1977, com a criação da *Revista Religião e Sociedade*, de cunho científico, o ISER passou a realizar as suas publicações. Disponível em: <www.iser.org.br>.

[12] As narrativas das teólogas docentes mencionaram a importância desse lugar, sobretudo diante da posição conservadora da Igreja do Rio de Janeiro.

neiras da Teologia Feminista no Brasil, inicialmente, produziram e publicaram suas reflexões teológicas. De acordo com a teóloga católica Ana Maria Tepedino (1985), a partir do primeiro encontro elas já se motivaram a produzir na perspectiva da mulher, de modo que esse evento marcava o início de uma trajetória compartilhada, de um espaço próprio de reflexão que se realizava do ponto de vista das experiências das mulheres. Pode-se dizer que elas criaram um espaço estratégico de reflexão compartilhada, afirmando-se como protagonistas e sujeitos de reflexão, como se verifica no fragmento que segue:

> A mulher vai descobrindo uma nova maneira de fazer teologia, a partir da tomada de consciência da fecundidade libertadora de uma releitura bíblica e a partir da necessidade de descobrir a sua própria identidade, "desconhecendo o lugar" que o homem lhe outorgou e que foi por ela introjetado (TEPEDINO, 1985, 376).

Nesse sentido, nota-se que a consciência reflexiva, que emergia da experiência compartilhada de uma situação de discriminação histórica das mulheres, e a percepção de sua ausência nos processos de produção do saber se tornam um ponto de partida para as ações políticas de ressignificação da teologia e da própria subjetividade. Na visão de Ana Tepedino, foi por meio da produção teológica, feita pela perspectiva das mulheres, que elas se lançaram no desafio de "desconhecer o seu lugar", ou seja, "desconhecer" o lugar que lhes fora outorgado pela perspectiva androcêntrica e que elas mesmas haviam internalizado (TEPEDINO, 1985). Em outras palavras, elas eram cúmplices do próprio poder que as submeteram, de modo que o uso do termo "desconhecer" também justificava a nova realidade experimentada pelas mulheres, uma vez que, até então, ocupavam, na sociedade e na Igreja, um lugar subalterno e passivo. Esse momento também marca o início de um processo de reinvenção da subjetividade feminina, que se processa como contragenealogia, nos termos de Braidotti (2004).

É possível constatar a dimensão da reflexividade de sujeitos (mulheres) que, no sentido foucaultiano, fazem resistência ao poder que as produziu e, por meio de atos de liberdade, produzem uma ética de si, que neste caso é compartilhada entre mulheres que ocupam os espaços de produção do saber. Isto é, não se reconhecendo mais na posição de um sujeito submetido, elas tecem suas possibilidades de ressignificação de si. Os encontros nacionais se tornaram um "lugar" em que foi possível, para um grupo de teólogas "feministas", fazer uma releitura crítica da teologia androcêntrica, questionar e desconstruir lógicas que legitimavam a hierarquia e a desigualdade de gênero, reproduzida no meio social e eclesial. Fizeram isso, inicialmente, reinterpretando a Bíblia, com base em suas experiências de mulheres discriminadas e oprimidas pela lógica de gênero da ordem simbólica masculina. Ao emergirem como novos sujeitos do saber teológico, elas estabeleceram uma forte crítica ao pensamento androcêntrico, "suspeitando" do já dito. No sentido foucaultiano, elas desconstruíam a tirania dos discursos englobantes e universais para ativar saberes originais e contextualizados, em suas próprias experiências corporais, que lhes permitiam se redescobrir como mulheres e sujeitos eclesiais. Produção que se constituiu em uma tecnologia de produção de novas subjetividades femininas para as outras mulheres que acessavam esses saberes.

A articulação dos encontros nacionais ocorreu conectada à trajetória realizada na América Latina, uma vez que as brasileiras (protestantes e católicas) também participaram dos encontros latino-americanos de mulheres teólogas, organizados pela Comissão de Mulheres da ASETT. O primeiro aconteceu em 1986 na cidade de Buenos Aires[13] e, nele, elas começaram a problematizar a opressão de gênero, que até então não havia sido levada em conta pela Teologia da Libertação. Concluíram, então, que a Teologia Feminista representava a ferramenta que tinham nas mãos para

---

[13] Participaram 28 mulheres, entre católicas e protestantes, representantes dos diferentes países do continente latino-americano.

lutar em favor dos direitos das mulheres. O Segundo Encontro de Teólogas Latino-Americanas[14] só se realizou no ano de 1993[15], na cidade do Rio de Janeiro, com o tema "Espiritualidade pela vida: mulheres resistindo e trabalhando contra a violência"[16]. Na década de 1990, essas teólogas consideraram que a sua produção estava sendo desafiada pelo novo contexto social mundial, especificamente pela queda do socialismo histórico e pela reestruturação neoliberal do capitalismo[17], que foi gerando um crescente individualismo na vida cotidiana e o isolamento de organizações coletivas. Nessa trajetória, convém destacar que uma das grandes novidades foi a realização do Primeiro Encontro Latino-Americano de Professoras de Teologia, no ano de 1994, na Costa Rica[18], com o objetivo de promover o intercâmbio das experiências sobre o ensino de teologia em instituições de nível universitário (TEPEDINO, 1998). Era o início de um debate em torno da presença das mulheres na docência, uma atividade que elas começavam a assumir, depois de um longo período de ausência histórica.

Após 10 anos de trajetória latino-americana, com encontros nacionais e regionais, a Comissão de Mulheres da ASETT, em 1994, organizou um encontro intercontinental, na Costa Rica, visando promover o diálogo entre as teólogas do Sul e as teólogas do Norte. O tema de debate foi *Espiritualidad por la vida: mujeres y teólogas*

---

[14] Teve a representação de nove países.

[15] De acordo com Tepedino (1998), foi nesse encontro que as teólogas discutiram acerca do nome a ser dado para a tarefa que vinha sendo desempenhada: feminina, feminista ou na perspectiva da mulher. Deram-se conta de que o termo "feminina" estava inserido dentro do estereótipo androcêntrico, com o qual pretendiam romper. Por outro lado, o termo feminista carregava uma conotação negativa, por questões já mencionadas. Todavia, optaram pelo termo feminista, já que este simbolizava a ruptura que pretendiam realizar com a ordem vigente.

[16] As teólogas, a partir dos contextos diversos em que exerciam o seu fazer teológico, identificaram algumas áreas em que se evidenciava, com maior acento, a violência contra as mulheres: violência familiar, racial, eclesial, sexual, econômica, cultural e intelectual.

[17] Neste mesmo contexto, a metodologia histórico-crítica da Teologia da Libertação foi sendo questionada.

[18] Participaram 25 professoras com a representação de 15 países.

contra la violencia hacia las mujeres, e reuniu em torno de 45 mulheres, representantes de 24 países, incluindo a África, Ásia, América Latina, América do Norte e Europa[19]. Nesse encontro, elas elaboraram os princípios hermenêuticos comuns para a produção de uma teologia comprometida com a justiça e a libertação[20].

Outro fator significativo no processo de consolidação e expansão da produção da Teologia Feminista no Brasil foi o início de um diálogo entre teólogas que integravam o Núcleo de Estudos Teológicos da América Latina (NETMAL)[21], o Núcleo de Estudo da Mulher (NEM)[22] e o ISER, a partir do ano de 1992. Segundo Tepedino (1998), esse espaço de diálogo foi fecundo, por permitir a descoberta de novas teorias que contribuíam para a compreensão das realidades vividas pelas mulheres. Foi nesse contexto que, entre os anos 1992 e 1994, foram realizados três seminários sobre Teologia e Direitos Reprodutivos[23], organizados e promovidos pelo SOS Corpo[24] e pelo NETMAL da Universidade Metodista (SP), nos quais as teólogas feministas (católicas, luteranas e metodistas) focaram suas discussões na problemática das mulheres e, particularmente, no debate sobre os direitos sexuais e os direitos reprodutivos.

Esses eventos impulsionaram o surgimento do movimento das Católicas pelo Direito de Decidir (CDD) no Brasil e acabou atraindo feministas de outras áreas de saber, interessadas por essa

---

[19] De acordo com Tepedino (1998), o início desse encontro foi marcado pela visita a diferentes instituições existentes na Costa Rica que desenvolviam trabalhos com mulheres, no que se referia à luta por direitos humanos, a acolhida às vítimas da violência doméstica ou adolescentes grávidas.

[20] Em Tepedino (1998) pode-se verificar quais foram esses princípios.

[21] O NETMAL é ligado ao Instituto Ecumênico de Pós-Graduação em Ciências da Religião da Universidade Metodista de São Paulo.

[22] O NEM é um grupo da PUC do Rio de Janeiro e o primeiro centro na área de teologia criado na América Latina com a finalidade de reunir documentação, promover pesquisas e oferecer cursos com a temática sobre Mulher.

[23] Foi nesse período que houve a aproximação entre teólogas e militantes feministas. Outras questões relacionadas a isso são tratadas por Rohden (1995).

[24] O SOS Corpo – Instituto Feminista para a Democracia é uma organização da sociedade civil, autônoma e sem fins lucrativos, fundada em 1981, com sede na cidade de Recife (PE).

perspectiva de reflexão. Contudo, convém registrar que as teólogas católicas do Rio de Janeiro se desvincularam do grupo, não assumindo essa agenda feminista, porque consideravam que o envolvimento com tais discussões poderia comprometer a carreira de docente, no interior de uma instituição católica, que tem uma doutrina moral contra o aborto. Esse episódio revela as escolhas que as teólogas católicas fizeram diante de certos temas da agenda feminista presentes no universo reflexivo da teologia, como o aborto, por exemplo, que as fez se distanciarem do grupo das protestantes. Tal decisão aponta que as católicas incorporaram os limites diante de certos temas incontornáveis na Igreja católica, além de revelar que o adjetivo político "feminista" não tinha o mesmo significado para as teólogas católicas do Rio e para as protestantes.

No início do século XXI, outras iniciativas emergiram tanto na América Latina quanto no Brasil. Em 2001, um grupo de teólogas brasileiras, ligadas à SOTER, sentiu a necessidade de retomar e fortalecer a trajetória com a realização de encontros mais amplos. A ideia era realizar um seminário nacional e ecumênico para aprofundar conceitos; conhecer as diferentes correntes feministas que trabalhavam com o conceito de gênero; fazer a memória da trajetória em torno da Teologia Feminista e aprofundar a articulação de gênero e teologia, pela perspectiva interdisciplinar e ecumênica[25]. Entretanto, a diretoria da SOTER assumiu essa proposta como tema para o Congresso de 2002, abrindo espaço para a reflexão teológica na perspectiva de gênero, que havia um bom tempo que vinha sendo produzida por teólogas(os) de diferentes filiações eclesiais. O evento, em certa medida, foi considerado uma "conquista", já que as reflexões teológicas, agrupadas no eixo "Gênero e Teologia", foram discutidas na perspectiva interdisciplinar não só por mulheres, mas por toda uma rede de teólogos(as) e cientistas da religião, membros da SOTER. Desse congresso resultou o livro *Gênero e Teologia. Interpretações e perspectivas*, publicado em 2003.

---

[25] Informações obtidas em registros do arquivo pessoal da teóloga Delir Brunelli.

No primeiro semestre de 2009, um grupo de teólogas e alunas da PUC-Rio criaram um *site*[26] e um *blog*[27], cuja iniciativa se constituía em um espaço alternativo para promover "a divulgação da produção teológica contemporânea, na perspectiva feminista e de gênero, e de textos produzidos e coletados nas comunidades pesquisadas" (TEOLOGIKAS, 2009)[28]. O espaço visava, também, favorecer o debate e o intercâmbio interativo entre universidades, institutos, movimentos e organizações interessados na temática da Teologia Feminista e Gênero.

No contexto latino-americano, entre outras iniciativas mais regionalizadas, houve o Programa Teologanda[29], que surgiu na Argentina, em 2003, como espaço de encontro para teólogas que quisessem colaborar na promoção científica das participantes, fomentando o estudo, a pesquisa, o intercâmbio e o diálogo interdisciplinar. Dada a importância das mulheres na teologia, nas últimas décadas, o Teologanda se propôs a recuperar o caminho pioneiro realizado no contexto latino-americano, caribenho e estadunidense, visando projetar uma teologia atualizada para o futuro. Entre os seus projetos, destaca-se a publicação da coleção *Mujeres haciendo teologías*[30], que surgiu com o objetivo de "mapear a produção das teólogas latino-americanas, caribenhas e estadunidenses, situando-as no diálogo com a tradição plural e ensaiar novos

---

[26] O *site* era: <www.teologikas.com>.
[27] O *blog* era: <http://teologikas.com/blog>.
[28] Em 2009, quando realizei as entrevistas, o *site* e o *blog* eram a novidade. Esses espaços digitais estiveram *on-line* por cerca de um ano. Segundo uma das mentoras, não foi possível manter o projeto por não conseguirem mais recursos do CNPq, o que para elas foi lamentável. Mesmo assim, algumas atividades continuaram sob a coordenação da Cátedra Martini da PUC-Rio.
[29] O Teologanda chegou a agregar mais de 40 teólogas argentinas. Disponível em: <http://www.teologanda.com.ar>. Acesso em: fev. 2009.
[30] Foram publicadas as seguintes obras: *Dicionário de obras das autoras*; *Antologia de textos de autoras*. Trata-se de autoras da América Latina, Caribe e Estados Unidos. Em 2009, foi publicada a última obra da coleção intitulada *Estudos sobre as autoras e suas obras*. A coleção oferece um levantamento sobre o itinerário das mulheres na teologia da América Latina, Caribe e EUA e constitui-se em um rico material para outras investigações.

acentos e perspectivas próprias para dar razão à fé que é cultivada nas próprias teólogas" (AZCUY; MAZZINI; RAIMOND, 2008, 4). Além disso, o Programa Teologanda se empenhou na construção de uma rede de teólogas da América Latina, Caribe e de outros contextos e planejou uma série de eventos, entre os anos 2003 e 2008[31], culminando com a convocação e a realização do I Congresso de Teólogas Latino-Americanas e Alemãs, do dia 25 ao dia 28 de março de 2008, em Buenos Aires. O congresso foi resultado de um intercâmbio entre o Teologanda da Argentina e o Agenda[32] da Alemanha e agregou um bom número de teólogas de diferentes continentes. Teve como tema *Biografias, Instituições e Cidadania. Teologia e sociedade desde a perspectiva das mulheres*, integrando as reflexões abordadas nos seminários e jornadas que antecederam a realização desse congresso. Interessante registrar que as painelistas e as participantes convidadas foram todas das novas gerações de teólogas, ainda que acompanhadas pelo testemunho e pela experiência das pioneiras do campo dos estudos teológicos.

A memória dessa trajetória nos permite pensar que os diferentes encontros, em que as mulheres teólogas, como sujeitos femininos/feministas, construíam processos reflexivos e compartilhavam suas experiências passadas e presentes, funcionaram como grupos de autoconsciência, no sentido mencionado por Bach (2010). Para essa autora, as ações políticas, inicialmente, emergiram e foram possíveis por conta da experiência da autoconsciência, que era experimentada por meio dos grupos de autoconsciência, em que se trabalhava com a *experiência presente*, como consciência ativa e plena, no processo que levava à autoconsciência; a partir disso se apelava para as *experiências passadas* de cada uma das participantes. A experiência de cada uma e as que eram compartilhadas geravam uma nova rede de significados e a consciência da experiência comum de opressão e isso as esti-

---

[31] Eventos realizados: seminários anuais de reflexão, jornadas de estudo, cursos acadêmicos e planos de leituras e de pesquisa.

[32] Agenda é o nome dado à articulação das teólogas católicas da Alemanha.

mulava a criar ações políticas concretas, entre elas a produção de um conhecimento crítico. Nesse sentido, para Bach, "o caminho da autoconsciência é uma experiência de libertação, já que ao interpretar o mundo a partir da ótica feminista permite a ação coletiva libertadora, uma nova identificação com as mulheres e um crescente sentido da solidariedade" (BACH, 2010, 32). O processo de autoconsciência se tornava uma experiência pessoal e social, um caminho para a ação, teorização e processo do tornar-se sujeito feminista. Bach menciona que algumas teóricas consideram a prática da autoconsciência o método analítico e crítico do feminismo, diante de valores e conceitos androcêntricos que, geralmente, passavam despercebidos.

Certamente, essa consciência de si e de sua situação, produzida e compartilhada coletivamente, no sentido descrito anteriormente, foi ativada pelos encontros nacionais de teologia. E isso possibilitou que mulheres teólogas, por meio de um processo reflexivo, fossem produzindo novos significados para o feminino, sentindo-se estimuladas a criar ações conjuntas de resistência criativa e a produzirem uma teologia crítica, a partir de um "outro lugar". Com isso, elas se tornavam criadoras *de cultura*, na expressão da antropóloga Martha Patricia Castañeda Salgado (2010).

Essa experiência compartilhada entre teólogas brasileiras e latino-americanas revela como as mulheres usaram de estratégias políticas e de criatividade para construir espaços de reflexão, de produção e de fortalecimento da teologia na *perspectiva das mulheres*, mesmo que esses espaços estivessem situados às margens das estruturas acadêmicas e dos discursos oficiais, ou no *space-off*[33], na expressão de Lauretis (1994). Foram espaços "entalhados nos interstícios das instituições de poder, nas fendas e brechas" que se abriram e se tornaram um lugar estratégico de resistência e de potência. Assim, a teologia produzida pelas mulheres foi as-

---

[33] De Lauretis usa a expressão *space-off (outro lugar)*, emprestada do cinema, que significa o espaço não visível no quadro, mas que pode ser inferido a partir daquilo que a imagem torna visível.

sumindo um lugar político. Configurou-se como uma nova *tecnologia*, que produzia outros significados de gênero para o processo de subjetivação dessas teólogas. A construção dessas narrativas teológicas aparecem abertamente comprometidas com o processo como um projeto de desconstrução do sistema simbólico, que produziu hierarquias sexistas e a negatividade do feminino e com a reconstrução de novos significados de gênero, em vista de novas relações no espaço eclesial e teológico.

CAPÍTULOSETE

TEOLOGIA FEMINISTA: UMA VOZ QUE EMERGE DESDE AS "MARGENS"

A memória da trajetória feita por um grupo de teólogas no Brasil, em relação a sua produção que, de certa maneira, ocorre vinculada à trajetória das teólogas dos países latino-americanos, retrata que a Teologia Feminista é uma produção de sujeitos – mulheres – que compartilham de uma experiência comum de discriminação eclesial e de ausência histórica nos processos de produção do saber teológico. A ausência histórica das mulheres nos processos de produção do saber não ocorreu não pela vontade delas, mas por convenções sociais de gênero inscritas em uma cultura patriarcal. Assim, quando falamos de uma experiência compartilhada, não estamos tratando de experiências individuais, mas de sujeitos que ocupam um mesmo lugar social que tem restringido as oportunidades de cidadania. Elas falam a partir da experiência de sua localização dentro das relações de poder que estruturaram a sociedade e também o cenário eclesial. Isto é, compartilhavam da mesma condição social de exclusão e subordinação, que no feminismo contemporâneo é compreendido como "lugar de fala" (RIBEIRO, 2019).

Para compreender a trajetória e o sentido da teologia elaborada por teólogas brasileiras, situadas em um lugar marginal em sua relação com o discurso "oficial" ou legítimo, utilizamo-nos de alguns pressupostos teóricos de Teresa de Lauretis (1994). Como já foi mencionado, para essa autora, as representações de gênero resultam de diferentes tecnologias sociais, entre as quais estão os discursos, que aqui se referem às teorias epistemológicas e às práticas institucionais. Nessa perspectiva, pode-se afirmar que as representações de gênero, que vieram da tradição judaico-cristã, e o discurso da teologia moral tradicional operaram como uma *tecnologia* que produziu subjetividades "inferiores", consideradas não inteligíveis para a racionalidade científica, o que legitimava um sistema de poder desigual, hierárquico e sexista.

Contudo, as elaborações teológicas feministas, ainda que marginais na relação com o centro do poder dos discursos hegemônicos, localizadas nas microrrelações políticas e produzidas a partir das experiências situadas das mulheres, podem ser vistas como uma nova *tecnologia de gênero* que, partindo das margens, vão produzir novos significados. Por meio de sua produção teológica, as mulheres agora se subjetivam e se reconhecem sujeitos de saber teológico. É um saber que atua como tecnologia de gênero, no sentido de Lauretis (1994), porque, ao incluir as experiências do cotidiano da vida, as mulheres ressignificam o sistema simbólico do discurso teológico tradicional, produzindo novos significados para a subjetividade feminina. No sentido de Braidotti (2004), esse processo de deslocamento subjetivo permite dizer que elas se constituem em sujeitos nômades, porque se trata de um estado de transformação de si, que já é, mas ainda em estado de devir.

As iniciativas elencadas na trajetória da articulação de mulheres em torno da produção do que se chamou Teologia Feminista, em um espaço que sempre foi reduto masculino, demonstra que no dinamismo da história os sujeitos podem refazer a sua experiência por meio de iniciativas reflexivas e de engajamento na realidade social. Essa dinâmica nos permite compreender que, no contexto da modernidade, o sujeito generizado não é somente "produto de representações sociais discursivas, mas também da autorrepresentação" (LAURETIS, 1994), em que um sujeito se constitui socialmente pela narrativa de sua experiência e pela produção de discursos pautados em novas perspectivas.

Assim, considera-se que a Teologia Feminista é resultado de uma ação reflexiva e um ato de liberdade de mulheres que se constituem sujeitos do conhecimento e se reconhecem possuidoras de capacidade racional para produzir saberes, cujo direito lhes havia sido negado, durante um longo período da história. Sua produção aparece como uma estratégia de resistência política perante a *violência simbólica e estrutural*[1] dos enunciados masculinos, que haviam sido incorporados nos sujeitos e nas práticas institucionais, produzindo a subordinação e a inferioridade do sexo feminino, a legitimidade das hierarquias sexistas que discriminavam as mulheres para certos lugares de poder/saber. Agora, por meio da própria produção, elas podem se redescobrir sujeitos reflexivos e, na condução de uma *ética de si,* ressignificar a própria identidade e potencializar a agência política, na medida em que também contribuem com a produção de novas subjetividades femininas. Ou seja, a sua teologia fortalece o chamado processo de "libertação" ou de emancipação das mulheres, porque as outras mulheres podem encontrar, nessa teologia, uma ferramenta de autoafirmação de si como sujeitos femininos capazes de ação, em instâncias de liderança eclesial.

---

[1] Segundo Bourdieu (1999, 7), a dominação masculina e as hierarquias de sexo produzidas por vias puramente simbólicas da comunicação e do conhecimento são uma violência simbólica, porque se trata de uma violência suave, insensível e invisível às suas próprias vítimas.

As teologias oficiais com que as mulheres se confrontavam no âmbito eclesial não contemplavam as suas experiências e não as incluía nem como objeto e nem como sujeito de saber. Por isso, na trajetória de articulação, que elas fizeram no Brasil, percebe-se todo um esforço para "criar novos espaços de discurso, reescrever narrativas culturais e redefinir termos a partir da perspectiva feminista – uma visão desde 'outro lugar'" (LAURETIS, 1994, 336). Assim, os encontros nacionais, latino-americanos, o congresso da SOTER foram, sem dúvida, estratégias políticas. Pode-se dizer que esses espaços estratégicos tornaram possível o processo de reflexão e de consolidação da produção teológica das mulheres, mesmo que, em muitos momentos, essa teologia apareça situada às margens das estruturas oficiais dos discursos hegemônicos ou no *space-off*, no dizer de Lauretis (1994). Essa autora insiste que as mulheres, que estão na academia, precisam construir novos discursos em um "outro lugar", não voltado para o passado e nem somente numa perspectiva utópica de futuro, mas situado no aqui e agora. O "outro lugar" pensado por Lauretis também pode nos remeter a esse outro lugar de agenciamento e de investimento de poder que as teólogas assumem ao produzirem saber teológico.

> Eu o imagino como espaços situados nas margens dos discursos hegemônicos, espaços sociais entalhados nos interstícios das instituições e nas fendas e brechas dos aparelhos de poder de conhecimento. E é aí que os termos de uma construção diferente de gênero podem ser colocados – termos que tenham efeito e que se afirme no nível da subjetividade e da autorrepresentação: nas práticas micropolíticas da vida diária e das resistências cotidianas que proporcionem agenciamento e fontes de poder ou investimento de poder; e nas produções culturais das mulheres, feministas que inscrevem o movimento dentro e fora da ideologia, cruzando e recruzando as fronteiras – os limites – da(s) diferença(s) sexual(ais) (LAURETIS, 1994, 337).

A Teologia Feminista pode ser compreendida como um discurso em parte "novo", porque emerge de "outro lugar", sob novas perspectivas teóricas, nas *margens* dos discursos e nas *bre-*

chas das instituições acadêmicas masculinas. As mulheres vão se constituindo sujeitos de saber, tornando a sua produção também importante, mesmo que "invisível" no rol dos grandes discursos teológicos oficiais. Nesse "outro lugar" a Teologia Feminista se coloca como uma *tecnologia de gênero* ou uma *prática discursiva*, que produz efeitos nas relações sociais e se afirma no nível da constituição da subjetividade, por meio da autorrepresentação. Assim, ao produzirem as suas narrativas teológicas, essas mulheres se investem de poder e de agenciamento, situam-se subjetivamente e assumem coletivamente uma *ética de si* mesmas, capazes de resistir aos micropoderes inscritos nos discursos e nas práticas da ordem simbólica masculina. A narrativa que segue ilustra a cooperação e a experiência compartilhada de mulheres, que se apoiam e criam as próprias possibilidades de agência e de resistência política, a partir de uma produção coletiva que emerge em espaços estratégicos, porém às margens da instituição acadêmica.

> [...] quando a gente começou a escrever essa teologia, a gente foi ao ISER, que era um instituto ecumênico leigo, justamente para fugir do cerceamento eclesiástico. Esse foi um espaço alternativo mesmo. [...] Nós procuramos manter uma estratégia do não confronto e usar esses outros espaços. Assim mesmo, a gente teve muita abertura, por exemplo, de instituições religiosas femininas que abriram seus espaços para o nosso trabalho, chamando a Nancy e a Ivone Gebara para assessorias. Então foram as instituições femininas que primeiro se abriram a esse pensamento (*Miriam*, 66 anos).

O relato de Miriam é uma fala coletiva e expressa que há um mundo compartilhado entre essas teólogas, como parte da construção de trajetórias situadas, em um contexto específico. Não se trata de um fato isolado, mas de algo que agregou mulheres no Brasil, numa ação que era compartilhada com outras mulheres na América Latina, nos EUA e na Europa, como já descrevemos neste trabalho. Outra docente mencionou sobre a estratégia de eleger a marginalidade, esse lugar não oficial, como um lugar de reflexividade, de tomada de consciência e como uma maneira de produzir com maior liberdade, sem o confronto direto com os "guardiões da ortodoxia". A gente percebeu que era uma questão, como vou dizer, de estratégia mesmo. A gente resolveu que nós íamos trabalhar dentro do ISER, que é Instituto de Estudos de Religião. Porque lá, evidentemente, é um espaço. Enfim, você não vai desrespeitar nenhuma autoridade religiosa, mas a autoridade também não vai te desrespeitar, porque não é o espaço eclesial propriamente dito. Eu acho que essa foi uma boa estratégia que a gente teve, porque se conseguiu ir para a frente, fazer encontros nacionais, encontrar-se com as colegas protestantes e ir trabalhando junto para que a nossa teologia se tornasse reconhecida. A característica mais importante da Teologia Feminista Latino-Americana é o fato de ser feita dentro dessa grande luta pela vida, dentro deste grande clamor pela vida, dentro desta busca pela dignidade das mulheres. Então, eu acho que a gente teve que fazer dessa forma. Evidentemente, na medida em que a gente integra mais, tudo o que a gente faz de um lado repercute num outro. Mas não foi assim, já que dentro da academia ia nos limitar. Por isso, a gente não optou por fazer isso dentro da academia. A gente fez por meio do nosso programa no ISER e isso fluía para dentro da academia (*Rute,* 67 anos).

Se o marginal faz fluir novos ares na academia, então "os discursos marginais têm poder de implantar novos objetivos e novas formas de conhecimento" (LAURETIS, 2000b, 52), que nesse caso se trata da perspectiva feminista na produção acadêmica, que torna possível problematizar e denunciar os saberes universais e descontextualizados. Na mesma direção, outras docentes mencionaram que precisaram "furar" espaços, ou ir pelas "brechas" das instituições porque não tiveram um lugar na academia. Foi nesses "outros lugares" que encontraram liberdade para trabalhar, para resistir, para construir uma agência política, no sentido de consolidar e tornar visível o pensamento teológico que estavam produzindo. Elas se reconhecem autoras de um saber que assume novas categorias analíticas e que parte das experiências de quem esteve praticamente ausente nos processos de produção de saber.

Poder-se-ia dizer que a Teologia Feminista é uma espécie de insurreição de *saberes subalternos*, nos termos de Foucault (1999a), que aos poucos se legitima em um universo acadêmico, marcadamente clericalizado e masculino. É um saber que se cruza e intercruza com os limites e as fronteiras do discurso constituído e hegemônico (LAURETIS, 1994), por estar inserido nas dinâmicas existentes do poder/saber e, ao mesmo tempo, por apontar a sua parcialidade, abrindo novas possibilidades para o conhecimento que exerce poder na produção de significados.

É um saber que coloca "à luz do dia" uma outra voz, ou seja, a voz de mulheres para dentro de um cenário institucional masculino, lugar de configuração do saber teológico; é um discurso construído no *space-off*, em um "outro lugar"; um discurso reelaborado a partir de perspectivas feministas; um discurso em que os sujeitos se constroem pela sua reflexividade e autoconsciência; um discurso, aparentemente, "invisível" ou não oficial no cânone dos saberes permitidos para o ensino na academia, mas que penetra e questiona a universalidade e as lacunas do pensamento teológico tradicional e androcêntrico. Enfim, é um discurso que pretende positivar o feminino e colocar em evidência as mulheres, na posição de sujeito de saber, capaz de exercer liderança nas esferas eclesiais. Nesse sentido, a ação das teólogas, apesar de continuar ocorrendo em meio a tensões, pode ser considerada uma ação estratégica e política, uma vez que, ao longo da história, elas haviam sido invisibilizadas e excluídas desse lugar social pelos efeitos das práticas discursivas da teologia tradicional e masculina.

Na visão de Lauretis (1994), é no "vaivém", no movimento "dentro e fora" da lógica masculina de gênero que se encontra o sujeito do feminismo. Um movimento de ir e vir entre o espaço discursivo (representado) das posições oferecidas pelo discurso hegemônico e o que está fora desse campo, o outro lugar dos discursos, esses outros espaços discursivos e sociais que existem a partir das práticas feministas. São as novas narrativas do "outro lugar" que se cruzam com as narrativas de espaços hegemônicos.

Para a autora, esses dois espaços não se contrapõem, mas coexistem. Assim, habitar os dois espaços implica uma tensão contraditória, mas é a condição do feminismo aqui e agora, que se afirma em duas direções opostas: na negatividade crítica de sua teoria e na positividade afirmativa de sua política, ou seja, essa é a condição histórica da existência do feminismo quanto à sua condição teórica de novas narrativas. É nesse espaço de tensão que se engendra o sujeito do feminismo.

Olhando a trajetória das mulheres docentes no Brasil, no seu fazer teológico, é possível reconhecer que essa produção e o próprio constituir-se sujeito de saber se inserem nesse "vaivém"; em alguns momentos dentro da estrutura existente, a partir de decisões institucionais e das formas como essa produção foi se autodenominando nas primeiras fases de sua elaboração, mais preocupada em valorizar as mulheres e seus atributos femininos, por meio do resgate de figuras femininas bíblicas e da ressignificação de imagens e representações simbólicas do discurso teológico androcêntrico. As teologias das mulheres abriram brechas dentro da mesma estrutura de poder presente no simbólico produzido como negativo. Elas tomaram defesa em prol da ordenação sacerdotal, do magistério feminino nas faculdades de teologia, difundiram uma linguagem inclusiva nas celebrações e nos textos teológicos (GEBARA, 2008). Evidentemente, eram ações positivas, porém ainda dentro dos paradigmas hegemônicos. Em outros momentos, essa construção teológica ocorreu às margens das estruturas institucionais e da ideologia de gênero, seja pela sua abordagem e perspectiva teórica, que permitia ressignificar o simbólico sobre o feminino, seja pela resistência encontrada em espaços mais "oficiais".

Esse "vaivém" aparece como um jogo de poder que se concretiza nas microrrelações. Para Elias (1980), o jogo é sempre um entrelaçamento flexível de tensões e disputas em função do reconhecimento ou da manutenção dos privilégios. Aqui as disputas, mesmo que sutis, se dão entre quem já tem seu discurso reconhecido, que é o sujeito hegemônico no campo, neste caso o masculino, e quem busca espaços no interior ou nas margens das estruturas, em vista da valorização de si, como sujeito de sua produção acadêmica. Como parte desse jogo de micropoderes, pode-se afirmar que os encontros nacionais de teólogas se constituíram em espaços estratégicos e políticos, em que as docentes puderam compartilhar e produzir saberes, partindo das experiências de opressão e de resistência das mulheres aos padrões fixos de gênero. O apoio do ISER, na articulação dos encontros nacionais e na publicação da produção das teólogas, em um primeiro momento, funcionou como um espaço estratégico e político de consolidação desse saber, elaborado nas "margens" do centro do poder hegemônico e oficial. Por fim, pode-se dizer que é dentro de um processo de tensão e de contradição, ou de estar, ao "mesmo tempo dentro e fora da ideologia de gênero", no sentido de Lauretis, que a Teologia Feminista foi sendo elaborada e consolidada como um saber importante para as mulheres, porque se tornou uma ferramenta de reinvenção de si e de construção de sua cidadania eclesial. E, nessa mesma contradição, as mulheres teólogas foram emergindo e ocupando a posição de sujeito feminino de saber, constituindo-se dentro dos signos linguísticos do sistema simbólico masculino, porém negociando politicamente novas posições e significados de gênero, para uma afirmação positiva de si como sujeito "mulher".

Pode-se considerar que essa trajetória, compartilhada por um grupo de teólogas professoras, fortaleceu processos de resistência e o *desejo de saber*, que se produziu como "potência", possibilitando o agenciamento das mulheres e a consolidação de sua produção teológica chamada Teologia Feminista. Hoje, já encontramos uma ampla produção de diferentes tendências que, sem dúvida, refletem o diálogo com as diversas correntes feministas, como também as tensões subjacentes entre quem assume a *abordagem de gênero*, do ecofeminismo ou do feminismo da diferença. Seja qual for a vertente da produção, o conjunto dessas teologias coloca em cena a *ação reflexiva* de um sujeito coletivo que se propõe a desvelar a parcialidade da produção androcêntrica, a construir novas relações de gênero e a produzir novos significados nos processos de subjetivação feminina.

Pode-se dizer que a história da "opressão" de mulheres e as lutas por "libertação" e pelo seu reconhecimento como sujeito, na esfera social e eclesial, colocaram a teologia diante do desafio de mudar seus paradigmas[2], não só para uma nova reinterpretação do mundo, mas também para a sua transformação. Para a teóloga Lúcia Scherzberg (1997, 88), "a mudança de uma interpretação androcêntrica para uma interpretação feminista implica uma mudança revolucionária do paradigma científico – uma mudança com efeitos amplos não apenas para a interpretação do mundo, mas também para a sua transformação". Assim, considera-se que a produção teológica das mulheres é uma ação política, comprometida com a liberdade, a promoção da dignidade das mulheres e com a construção de novas relações de gênero, nas diferentes esferas da vida eclesial e social, cujos valores são, também, parte dos ideais emancipatórios da modernidade.

Nesse sentido, a emergência das Teologias Feministas, no universo do pensamento teológico, pode se inserir no que Boaventura (2000) define como *conhecimento emancipatório* construído por meio de tradições epistemológicas marginais da modernidade, ou seja, é um *conhecimento prudente para uma vida decente*. Afirmamos isso, uma vez que essas teologias assumem uma proposta engajada de transformação das relações sociais de gênero, no espaço eclesial; produz novos significados no processo de reinvenção das subjetividades femininas; e assinalam a necessidade de mudanças nas estruturas androcêntricas, que ainda dão sustentação ao cristianismo. Isso tem a ver com uma proposta de humanização nas relações e de emancipação cidadã de sujeitos que ficaram marginais ao campo, ou de uma vida *mais decente*, na

---

[2] No sentido de Thomas Kuhn, um paradigma científico designa uma tradição de pesquisa que é reconhecida e tem validade em um determinado campo científico, em cujo modelo se constrói todas as investigações, desde as observações individuais até a abrangente interpretação do mundo.

afirmação de Boaventura Santos. Trata-se de um saber com poder de descolonização do imaginário feminino, subjetivado pela ordem simbólica masculina, para um feminino emancipado, capaz de pensar e de produzir saberes a partir de suas experiências situadas e corporificadas na estrutura das relações de poder.

A teologia produzida pelas mulheres, no movimento do "dentro e fora" da lógica simbólica masculina, possibilitou pequenos avanços nos processos de reinvenção de si e de ressignificação de práticas, de discursos e de relações de gênero, no interior das instituições eclesiais. A sua proposta metodológica aponta novas possibilidades para reflexão teológica feminista. É a insurreição de sujeitos (mulheres) e saberes marginais, que emergem de um "outro lugar" e, que, aos poucos, abrem espaços no universo acadêmico da teologia. No sentido butleriano, trata-se da agência de sujeitos considerados, até há pouco tempo, não inteligíveis ou desqualificados para o universo da produção do saber teológico. Entretanto, o "empoderamento" dessas mulheres, na posição de sujeitos femininos de saber, e o reconhecimento de sua teologia continuam se realizando em meio a relações de tensões e de resistências diante da ordem simbólica masculina, que ainda demarca lugares e posições nas instituições católicas de ensino.

Além dos aspectos abordados sobre a trajetória de articulação, produção e "consolidação" da teologia elaborada por teólogas e docentes que atuam no universo teológico, no Brasil, cabe nos perguntar: como os sujeitos masculinos reagem ao processo emancipatório das mulheres quando está em questão a especificidade de sua produção acadêmica? Quais as dinâmicas de gênero e de poder que ocorrem na relação com os novos sujeitos que conquistam o espaço da produção acadêmica na teologia? Abordaremos alguns aspectos sobre essas questões no próximo capítulo, tendo como base fragmentos das narrativas que resultaram das entrevistas com teólogas docentes.

CAPÍTULO OITO

VOZES QUE "DESTOAM": PODER E TENSÕES DIANTE DA INSURGÊNCIA DE SABERES SUBALTERNOS

Neste capítulo, trazemos em cena algumas narrativas de mulheres docentes que atuam no espaço acadêmico do Ensino Superior em teologia católica. Suas narrativas permitem evidenciar tensões e dinâmicas sutis de poder que tendem a conter a voz insurgente de saberes considerados de menor importância. Priorizamos, aqui, as narrativas que apresentam conteúdos acerca de práticas que envolvem a reflexão e a produção da teologia, que incorpora as abordagens dos estudos de gênero e das teorias feministas[1]. Vale enfatizar que, em vista do compromisso ético e dos critérios

---

[1] Convém mencionar que a produção das docentes entrevistadas não ocorre somente por meio da abordagem feminista e de gênero, uma vez que

que se estabelece em uma pesquisa científica, a identidade dessas mulheres foi preservada. Como recurso literário utilizou o nome de personagens femininas dos registros da história bíblica[2], que, apesar de terem vivido em contextos de cultura patriarcal, ultrapassaram as fronteiras demarcadas para cada sexo, em seu tempo, exercendo liderança e certo protagonismo em meio às lutas da história do povo bíblico[3].

Os conteúdos das narrativas mostram que a escolha por aprofundar temas que envolvem as abordagens de gênero tem sido marcada por reações de preconceito e de discriminação ou mesmo de advertência por parte de alguns professores e alunos(as) que, ao desconhecerem as teorias relacionadas a esses estudos, interpretam esses conteúdos como algo desnecessário ou algo que "provoca tensões". Nesse sentido, Isabel (49 anos) relatou que a sua decisão em fazer uma pesquisa de doutorado na área de gênero e teologia nem sempre era compreendida por seus alunos e alunas, os quais julgavam que isso levava a "acirrar conflitos" entre homens e mulheres. Diante disso, ela precisava explicar que a categoria de gênero, como campo analítico, permite compreender que os significados sobre o masculino e o feminino são construções socioculturais e que essa categoria tem valor científico nos processos de produção de saber. Segundo Isabel, sua escolha pela temática em questão é porque, como teóloga, sentia-se desafiada a contribuir na desnaturalização de um determinado modelo de feminino que, ao longo da história, oprimiu e discriminou as mulheres. No seu estudo de tese, Isabel se propôs a fazer uma releitura dos discursos teológicos masculinos que invisibilizaram as mulheres na ação evangelizadora da Igreja, visando, com isso, contribuir na

---

elas produzem teologia e lecionam conteúdos, também a partir de outras abordagens teóricas.

[2] A história bíblica compreende o período em torno de 1650 a.C. a 100 d.C., cujo período se insere dentro do que, nos estudos históricos, se denomina História Antiga.

[3] Refere-se à história da experiência religiosa do povo de Israel, na sua relação com outros povos e impérios, que dominaram a região de Israel.

crítica e na construção de novas relações no espaço socioeclesial. Essa docente também relatou que ao propor a constituição de um grupo de estudos sobre teologia e gênero, para aprofundar e refletir teologicamente essas questões, um professor a chamou e disse: "Ó, tem que tomar cuidado para não ser assim, um revanchismo; as mulheres buscando se impor sobre os homens. Tem que realmente buscar aquilo que harmoniza as relações" (*Isabel*, 49 anos). A narrativa de Isabel evidencia as tensões que os conteúdos de gênero e do feminismo geram no universo das instituições católicas, porque se trata de uma reflexão teológica crítica aos discursos universais. Isso expressa medo de uma possível desestabilização da estrutura de poder da ordem simbólica masculina, que colocou o homem na posição de sujeito privilegiado.

Nessa perspectiva, Ribeiro (2019), em sua obra *Lugar de fala*, menciona que falar em opressão de gênero passa a ser visto como algo chato ou como forma de deslegitimação. Quando existe a tomada de consciência sobre o que significa desestabilizar a norma hegemônica, isso é visto como inapropriado ou agressivo, justamente porque essa posição está confrontando o poder de sujeitos historicamente privilegiados nas estruturas hierárquicas. As tensões que são geradas no universo da teologia em relação a gênero ou ao feminismo é algo que se conecta com questões que são colocadas pela teoria feminista em outras áreas acadêmicas que, não raramente, geram tensões e posturas de resistência por parte de centros acadêmicos ou de sujeitos do conhecimento. E isso nos remete a Braidotti (2004, 39), pois, segundo essa pensadora, o feminismo é uma crítica ao poder no discurso, e como discurso é um esforço ativo por criar outras formas de pensamento, isto é, o compromisso com o processo de aprender a pensar de modo diferente. Assim, ela considera que a feminista é uma pensadora crítica que desvela e submete a juízo as modalidades do poder e da dominação implícitas em todo o discurso teórico, inclusive o seu.

Sem dúvida, a posição feminista é algo que gera tensões, mas é a condição para a emancipação das mulheres e para a emergência de saberes historicamente desqualificados. Essas tensões expressam uma representação do sistema patriarcal que ainda não se diluiu, em que as mulheres, por estarem incluídas no grupo dos sujeitos subalternos, no sentido de Spivak (2010), não tiveram o direito à voz, uma vez que elas ocupavam um lugar em que a sua humanidade não era reconhecida. Isto é, pertenciam à categoria "daqueles que não importam", para usar a expressão da filósofa Judith Butler (2007).

No conteúdo da narrativa de Maria (61 anos) também se observam focos de tensão e de resistência em relação à perspectiva feminista na produção acadêmica. Essa professora, no período da pesquisa, lecionava a disciplina de Teologia Feminista, obrigatória na grade curricular da graduação. Ela afirmou que sentia certo preconceito em relação à sua ação. Isso porque, ao assumir outra disciplina na área bíblica, que é a sua área de formação, um dos professores a alertou para não priorizar somente as chaves feministas de leitura bíblica, "*em detrimento do que seria específico da disciplina*". Ela teve que posicionar-se dizendo que, como profissional, "*sabia muito bem quando era possível ou não trabalhar com chaves de leitura feminista*". Isso, de certa maneira, aponta que nem sempre as docentes abordam certas temáticas tomando como base as perspectivas feministas, mesmo que as considerem significativas nos processos de subjetivação feminina.

> Eles não me podem ver sempre como alguém que só sabe trabalhar na linha da Teologia Feminista. Essa teologia, para mim, é uma questão de cidadania teológica das mulheres. É uma forma de dizer não a tudo que nos colocaram como verdade na história da teologia. Então, por exemplo, para o próximo semestre vamos continuar tendo a disciplina Teologia Feminista aqui na graduação e no básico e eu pedi para um homem ministrar na graduação [...] Ele vai dar, porque isso é questão de quebrar preconceitos que vão se criando de que Teologia Feminista é para mulher, né? Não é! A Teologia Feminista é uma área teológica para homens e para mulheres, em vista da construção de relações de igualdade (*Maria*, 61 anos).

Observa-se, no conteúdo das duas narrativas, a existência de tensões entre sujeitos que querem manter a ordem estabelecida e quem luta pela ressignificação de discursos e das relações de gênero. Essas tensões e preconceitos tendem a desqualificar ou conter a emergência dos saberes alternativos, isso porque a Teologia Feminista busca visibilizar as dinâmicas de poder de um discurso que se produziu como "verdadeiro" e que sustentou, historicamente, uma ordem hierárquica de gênero e de poder. Uma ordem que foi reproduzida graças ao poder exercido por discursos científicos, políticos, culturais, religiosos e por práticas institucionais, como nos têm mostrado muitos estudos do campo da crítica feminista e dos estudos de gênero e ciência[4].

A posição em defesa da Teologia Feminista mostra que Maria está compartilhando da posição de muitas teóricas feministas. Isto é, ela tem consciência de que esse saber é uma ferramenta política importante no processo de desconstrução e desnaturalização dos significados de gênero, produzidos pelo discurso hegemônico e masculino, que já não diz mais nada para a vida das mulheres. E, ao mesmo tempo, aponta que tal saber é uma ferramenta que possibilita uma reinvenção de si ou da subjetividade feminina, e sustenta um processo coletivo de emancipação eclesial para as mulheres. De modo que a indicação de um professor homem, integrante do Grupo Reflexão sobre Teologia Feminista, se apresenta como uma estratégia política que ela utiliza para diminuir as tensões e manter a disciplina obrigatória de Teologia Feminista na grade curricular do curso. Sem dúvida, a inserção de um homem em uma disciplina, que propõe novos conteúdos e perspectivas para o campo teológico, tende a produzir o efeito de enfraquecer o poder desqualificador e o preconceito dos pares masculinos, em relação a essa teologia.

A estratégia de Maria pode ser lida como um ato de liberdade, no sentido de Foucault (2004), porque se engendra na reflexão e

---

[4] Beauvoir (1949); Felski (1995); Fiorenza (1995); Harding (1996); Gebara (2008); Chassot (2009); Adelman (2009); Graf (2010), entre outros.

resulta em uma ação criativa que busca enfraquecer as fronteiras do poder de controle. Em Foucault (2004), os atos de liberdade do sujeito, guiados pela ética, funcionam como um foco de resistência nos processos de subjetivação. Em Judith Butler (2009b), a resistência se torna poder de agência e atua sobre a mesma lógica que produz os preconceitos e a desqualificação de sujeitos e saberes.

Outras docentes mencionam existir professores homens que, aparentemente, valorizam e até apoiam as iniciativas das mulheres no universo da teologia, como grupo de estudos de gênero e disciplinas inseridas na grade curricular com abordagem de gênero. Entretanto, em suas práticas acadêmicas revelam resquícios de uma cultura androcêntrica internalizada. Essas contradições podem ser identificadas em diferentes situações, conforme nos apontam as narrativas que seguem:

> Na hora de tomar decisões, tem algumas pessoas que são favorecidas, por exemplo, em aceitar qualquer decisão do curso, sobre o perfil do curso, no que se trata de conteúdos e reflexões, projetos, ele vai discutir em primeiro lugar com o professor [nome] e com o [nome]. Quando é coisa para resolver, como práticas e andamentos, ele pede para mim e justifica que é porque eu sou mais pragmática e sei articular melhor as coisas da prática e tal. Eu puxo o tapete: "não, espera aí", e isso funciona! É subliminar e eu acho que eles não se dão conta, viu. Eles não se dão conta, mesmo que já se tem avançado muito no que diz respeito às relações de gênero, se comparado há um tempo atrás. É, eles conscientemente trabalham, como são professores envolvidos, todos eles, são bastante envolvidos com as questões de gênero, de uma Teologia Feminista. Eles mesmos dialogam, participam e apoiam. Tem essa coisa de estarem comprometidos também na proposta de recriar essas relações, desde que existe isso, não é assim uma coisa tão..., mas tem esse dado subliminar, que sempre de novo se cai nas armadilhas (*Ester*, 51 anos).

O relato de Ester evidencia as contradições entre discursos e práticas concretas no cotidiano acadêmico, o que revela que a cultura androcêntrica está tão impregnada não só nas estruturas organizacionais, mas também na mentalidade dos indivíduos. Observa-se a tendência, por parte dos agentes masculinos, de reproduzir as dinâmicas do poder hierárquico, no que tange aos papéis tradicionais de gênero, que também pode não ser tão inconsciente assim, como relata Ester. Poder-se-ia perguntar: até que ponto dizer que se está compartilhando perspectivas teóricas e a construção de novas relações de gênero é de fato uma convicção desses professores homens ou é uma estratégia que dá certo *status* para a instituição, desde que não se mudem as velhas práticas? Eles parecem não se deixar tocar pelas perspectivas que dizem apoiar. Talvez, esses sujeitos estejam, sim, mais preocupados com o *status* da instituição do que convictos em contribuir para possíveis mudanças nas relações e nas estruturas que geram desigualdade de gênero. Por outro lado, a problematização que Ester faz em relação às práticas que ocorrem no cotidiano da academia aponta que essa postura, em geral, é recorrente em docentes que tiveram algum contato com as teorias e as reflexões em torno dos estudos de gênero ou feministas. Assim, as dinâmicas subliminares e aparentemente "naturais" de reprodução das relações, que definem lugares e papéis de gênero, são facilmente percebidas e, de certo modo, essa postura crítica também se reforça na construção da narrativa, em situação de entrevista. Assim como é possível afirmar que a consciência sobre a existência das dinâmicas de poder que colocam as mulheres no "lugar de sempre" faz com que Ester tome uma posição resistente aos mandatos sociais de gênero. Em outras palavras, é a consciência reflexiva sobre a existência de uma norma androcêntrica, que define lugares sociais para as mulheres, que faz com que essa professora tenha uma posição resistente diante desse poder, produzindo um agenciamento ético de si, no sentido da teoria foucaultiana.

A narrativa de Lídia expõe sua posição reflexiva e crítica diante das contradições que existem no universo acadêmico teológico, sobretudo quando os próprios sujeitos masculinos dizem compartilhar com o projeto da construção de novas relações de gênero.

> Tem coisas que no pensamento se diz assim, né..., mas na sua prática não passa aquilo que a pessoa está expressando no seu discurso, né.

Fala-se de uma Teologia Feminista. Fala-se do lugar da mulher e, aparentemente, se apoia isso, mas depois não há uma cumplicidade, mesmo daqueles homens que se dizem companheiros de caminhada. Hoje no final do dia do *congresso* temos a mesa sobre a Teologia Feminista. Pode ser bobagem, né, mas, enfim, eles marcaram um futebol bem na hora. E também na hora de dar o aviso sobre a mesa queria que alguém de nós, mulheres, fosse lá avisar. Eu fiquei pensando: "escuta, por que tem que ser diferente? Por que o coordenador do encontro não dá esse aviso como está dando todos os outros? Por que de repente faz questão de dizer que o seminário é uma coisa meio *à parte* do congresso? E por que está sendo *à parte* do congresso?" Aí, até os próprios companheiros, pessoas colegas nossos daqui que poderiam estar apoiando, nessa hora falta cumplicidade de pegar junto, de levar a coisa, de colocar como uma programação normal, como acontecimento. Então, na hora de colocar a mesa sobre a Teologia Feminista, falam: "é importante partilhar isso ali, isso é bom". Porque de repente é bom para a escola, é bom para não sei o quê, mas na hora de a gente assumir isso como proposta, como algo nosso, a gente sente que falta a cumplicidade. Eu tenho medo desse aproveitamento de certos temas, de certas coisas de divulgação para que se passe uma postura diferenciada, ou seja, de dizer: "a nossa instituição", diante dos outros institutos de teologia, é tida como um instituto que leva em conta a prática junto com a teoria e que está atenta a essa coisa da fé e vida, que tem uns princípios pedagógicos que orientam isso ali. Mas de fato é fascinante! Eu sou fã da [nome da instituição]. Eu devo muito à [nome da instituição], à minha formação pessoal, enfim, muitas coisas que eu reafirmei na minha vida e minhas intuições, eu devo a esta instituição. A gente tem um caminho longo lá dentro e as coisas não são tão fáceis, assim, como de fora aparenta ser. Lá também se tem conflitos. Quando uma mulher vai dar uma disciplina, se questiona se ela vai dar ou não na ótica feminista. Agora ninguém questiona se o homem vai dar A ou B, se vai dar na ótica androcêntrica. A instituição ter colocado a cadeira de Teologia Feminista foi algo bom, mas tem gerado algumas tensões. No curso básico é bem aceita, mas na graduação, onde tem o maior número de homens, parece que tem sido conflitiva (*Lídia*, 39 anos).

A percepção e o sentimento de indignação diante da conduta do coordenador do congresso, em relação à mesa sobre a Teologia

Feminista, foram compartilhados e mencionados por outras professoras, inclusive de outras instituições[5]. Nota-se claramente a distância entre o discurso e a ação, entre o politicamente correto e o comprometimento em mudar certas práticas. Para os que dirigem a instituição, parece que o importante é somente evidenciar, em termos discursivos, a existência de uma novidade na instituição, como um troféu simbólico, mas sem o necessário enfrentamento das tensões que operariam mudanças significativas, já que isso poderia representar "perda de espaço e de poder". Para Ribeiro (2019, 86), "o grupo que sempre teve o poder incomoda-se com o levante de outras vozes". Apesar dos limites que se interpõem para as vozes femininas, elas têm conseguido provocar rachaduras nos discursos hegemônicos e, mesmo com essas poucas interferências, considera-se importante prosseguir com o debate estrutural.

Por outro lado, apesar dessas ambiguidades, na instituição da qual Lídia e o referido professor faziam parte, existiam iniciativas significativas que foram constatadas na visita *in loco*, como é o caso do grupo de reflexão sobre a Teologia Feminista e a inserção de uma disciplina específica na grade curricular obrigatória. Essas novas práticas resultaram de um longo processo, construído pelas professoras mulheres, e para os homens continuam sendo um foco de tensão, valorizadas enquanto algo simbólico que dá certa relevância social à instituição de ensino. Essas tensões, apontadas por Lídia, evidenciam que os processos de mudança continuam lentos e que tais práticas não são assumidas como parte de um programa da instituição. Apenas funcionam porque as mulheres continuam lá e, politicamente, assumem isso como parte de um projeto utópico de mudanças nas relações e do seu devir sujeito feminino de saber teológico.

Pode-se observar, nos conteúdos das narrativas das docentes, uma consciência crítica e reflexiva diante das relações de poder

---

[5] Esse relato sobre o congresso eu pude presenciar pessoalmente, por estar participando dele, e compartilhei dessa mesma indignação em relação à conduta pública deste professor sobre a programação do seminário de Teologia Feminista.

e de gênero que se estabelecem com os que são os sujeitos "natos" deste lugar, sobretudo quando elas mesmas são as protagonistas de *práticas inovadoras*[6]. Os conflitos e as tensões gerados diante dessas iniciativas parecem não as paralisar, uma vez que elas continuam apostando em estratégias coletivas, conectadas por um imaginário utópico que as faz acreditar que são possíveis novas relações de gênero, bem como a possibilidade de marcar esse lugar acadêmico com uma afirmação positiva de sua posição, como sujeito feminino de saber teológico. Trata-se de uma produção de si, que também é coletiva, e se objetiva materialmente pelas ações protagonizadas por elas. É um sujeito que vai modelando a sua subjetividade e o significado de ser agente de *práticas inovadoras*, interagindo com as dinâmicas da ordem simbólica masculina, que continua controlando a ação das mulheres no interior das instituições de ensino teológico.

8.1. NOVAS TEOLOGIAS COMO LUGAR DE RESSIGNIFICAÇÃO DE DISCURSOS E DE REINVENÇÃO DE SI

Nosso estudo vem apontando que o espaço acadêmico da teologia, para as docentes entrevistadas, não aparece somente como um lugar de ação profissional, mas, sobretudo, como um lugar de reinvenção e de subjetivação, que passa também pela ressignificação do sistema simbólico de gênero do discurso tradicional, questão que parece ter sido possível para essas docentes, por meio do acesso ao saber teológico. Esse mesmo saber, que historicamente teve um impacto negativo na subjetividade das mulheres, agora, elaborado por meio de outras perspectivas teórico-metodológicas, torna-se um importante dispositivo de poder para a reinvenção da subjetividade feminina, como podemos constatar no conteúdo das narrativas, que aqui iremos aprofundar.

---

[6] É uma ideia da filósofa francesa Julia Kristeva em que Butler se inspira para construir o termo "subversão", no intuito de explicar as possibilidades culturais que estão excluídas em um determinado contexto social.

Segundo Maria Gabriela Hita (2002), a diferença de gênero nunca foi fixa ou de alguma forma já determinada, mas resultado de efeitos de discursos e práticas relacionais que se estabelecem entre os indivíduos de ambos os sexos, em cada contexto e conjuntura histórico-social. Desse modo, a autora alerta ser necessário estarmos sempre abertos a todas as definições, sob a condição de que elas sejam articuladas histórica, geográfica, social e culturalmente, ou seja, o gênero, no que tange à identidade feminina e masculina, se apresenta como uma construção social em constante mutação. Não são essências predefinidas ou fixas, como os estudos de Butler (2003), Haraway (1995), Friedman (1995), entre outros, têm evidenciado. Isto porque as identidades de gênero são construídas dentro e não fora dos discursos e, segundo Stuart Hall (2013, 109), "nós precisamos compreendê-las como produzidas em locais históricos e institucionais específicos, no interior de formações e de práticas discursivas específicas, por estratégias e iniciativas específicas", o que permite que elas estejam sempre sendo constituídas.

Nesse sentido, algumas docentes disseram que foram socializadas em famílias oriundas do catolicismo tradicional e, outras, em famílias com fortes características da cultura patriarcal. Na verdade, o discurso teológico tradicional tem sido um canal político de reprodução da cultura patriarcal, em cuja ordem simbólica as pessoas aprenderam a identificar-se com uma concepção de mundo e de vida, com modelos e papéis de gênero, até crer que esta visão de mundo e esses modelos poderiam ser universais (LAGARDE, 2011). Assim, os discursos religiosos e tradicionais, provenientes da cultura patriarcal e reproduzidos no ambiente familiar e eclesial (catequese), foram assimilados como um "discurso de verdade". Esse discurso que, na ordem moral, exercia um poder normativo, sem dúvida funcionou como uma tecnologia cultural de gênero, produzindo, no sentido de Foucault (1999b), subjetividades dóceis, conformadas com o *status* social de gênero.

Nessa direção, a antropóloga mexicana Marcela Lagarde (2011) afirma que a subjetividade se estrutura a partir do lugar que o sujeito ocupa na sociedade e se organiza em torno de formas específicas de perceber, sentir, socializar, abstrair e agir sobre a realidade. Os comportamentos, as atitudes e as ações dos sujeitos são a expressão de sua subjetividade, como ser social no marco histórico de sua cultura, e, portanto, essa é a elaboração única que o sujeito faz de sua experiência de vida. No caso das mulheres, a sua subjetividade tem a ver, também, com construção de significados, que inclui a condição de gênero, as pertenças socioculturais e as suas próprias concepções de mundo (LAGARDE, 2011, 302). No entanto, essa subjetividade nunca é determinada ou fixa, ela é nômade no sentido de sempre estar se deslocando ou se transformando a partir de novos processos de interação social. No modelo nômade, a recordação de um passado é o que permite a "reinvenção ativa de um eu jubilosamente descontínuo, em oposição ao ser melancolicamente consistente, programado pela cultura falogocêntrica" (BRAIDOTTI, 2004, 173). Trata-se de uma subjetividade que se distancia da feminilidade tradicional, potencializando novas formas de subjetividade.

Considera-se que o processo de formação acadêmica das docentes, aqui, diga-se, o contato com uma teologia mais renovada (Teologia da Libertação), certamente foi um espaço em que elas encontraram as ferramentas de poder para ressignificar o discurso religioso tradicional, que era reproduzido no interior das instituições de socialização e, ao mesmo tempo, produzirem-se subjetivamente por meio de novas experiências e novos sentidos, que vinham dessa interação social, como se pode ler na narrativa que segue:

> *Eu fui criada em uma família católica, família mineira, católica* tradicional. Toda uma série de coisas já estava no meu imaginário, muito antes de eu fazer Teologia, já estava fazendo parte da minha subjetividade. Quando eu fiz Teologia, eu tive alguns, muitos professores interessantes e muito abertos, com uma visão de mundo e de igreja muito boa. Eu me surpreendi com uma teologia mais aberta da que eu tinha recebido na catequese, na escola, quando estudei no colégio de irmãs. Toda a minha formação foi muito tradicional e

a teologia abriu para mim outros horizontes, nesse sentido. O curso de Teologia, na verdade, foi uma abertura e permitiu ressignificar outras coisas na minha vida. É uma teologia com muita liberdade crítica. [...]. Para mim, a teologia teve uma conotação muito positiva, ressignificou a minha vida e abriu outros horizontes. Acho que foi por isso que eu fiquei apaixonada pela teologia (*Priscila*, 60 anos).

É possível interpretar que "no ficar apaixonada pela teologia" está subentendido este lugar em que lhe tornou possível um processo de reconstrução ou de reinvenção de si mesma, de sua subjetividade feminina. Lugar que lhe possibilitou uma contragenealogia ou uma nova genealogia de sua subjetividade e, consequentemente, outra visão de mundo que, sem dúvida, passa a conduzir suas ações como sujeito feminino. Essa reinvenção de si possibilita uma conduta de liberdade diante dos efeitos do poder dos discursos que foram internalizados e que assujeitou as mulheres, segundo determinados modelos de conduta e de feminilidade. O processo de "libertar-se", certamente, tem a ver com a desconstrução ou a ressignificação de modelos que estavam no seu imaginário e que resultaram dos efeitos do poder da linguagem de um discurso religioso tradicional. Assim, considerando as concepções teóricas de Braidotti (2004), Butler (2009b; 2010) e Foucault (2007), podemos compreender que é na parcela do pertencimento aos códigos linguísticos do poder discursivo religioso, que subjetivou as mulheres, que agora elas encontram a potência ou a possibilidade para ressignificar os conteúdos da teologia e, consequentemente, a própria subjetividade.

Igualmente em narrativas de docentes mais jovens pode-se constatar que o contato com uma teologia "mais aberta", ou que já tinha incluído em sua reflexão os valores da modernidade e as ideias de emancipação social, se tornou um canal que permitiu repensar os significados que elas haviam incorporado como parte de sua subjetividade. Isso, evidentemente, reafirma a ideia de que, para as mulheres, historicamente assujeitadas, o acesso aos processos educativos se torna uma ferramenta política para uma nova produção de si ou para um nomadismo subjetivo, que se desloca e se opõe aos modelos do sistema simbólico masculino. De certa maneira, é um canal para conquistar a autonomia subjetiva, que pode ter um alcance coletivo, na medida em que elas se transformam em sujeitos e interlocutoras do discurso teológico que produzem, como observamos no relato que segue.

> Eu venho de uma formação católica bastante rígida na formação, do que as mulheres podiam e o que não podiam, até um ambiente machista, que vem da cultura. Vim de comunidade católica, isso é engraçado porque minha família nem é muito religiosa, de religião nenhuma, assim. Mas comecei muito cedo a participar da comunidade, da catequese e, depois, de grupo de jovens. Fui me inserindo, fui gostando da coisa e tal, mas na minha formação eu tinha uma catequista que era uma pessoa maravilhosa, mas era muito moralista, do "pode e não pode", com fechamento ecumênico muito grande, né. Então eu tive que fazer uma reviravolta na minha vida também para me libertar de certos preconceitos, de me dar conta de tudo o que fui internalizando. Então, foi muito legal ter começado fazer Teologia nesse período, porque então eu comecei a encontrar um pouco com tudo isso e, através da teologia, refazer esse caminho, aquele jeito de viver a minha fé, porque não era aquilo que eu estava buscando. Eu tinha outras intuições que até eu desconhecia de repente, porque a gente estava condicionada a um esquema, mas que eu sabia também que era possível, né. Enfim, tinha intuições. O estudo de teologia me ajudou muito a confirmar minhas intuições, sentimentos, coisas que eu sabia que podiam ser diferentes, mas que eu não sabia importar isso teologicamente. Foi muito legal ter feito teologia no momento na *[nome da instituição onde se graduou]* se começava refletir sobre a questão da mulher na sociedade, na Igreja e que todos os institutos estavam se movimentando para os encontros estaduais da teologia na perspectiva da mulher e isso ajudou a ressignificar o discurso teológico na minha vida (*Lídia*, 39 anos).

O conteúdo dessa narrativa nos coloca diante das dinâmicas da modernidade, em que os indivíduos, aqui, mulheres, passam a ter acesso à formação, o que lhes permite uma apropriação reflexiva do conhecimento⁷, que neste caso é o de perspectiva teológica. Esse conhecimento passa a ser reinterpretado a partir das experiências das mulheres e se torna uma ferramenta de poder que potencializa a produção de um novo sentido para a subjetividade e a identidade feminina, colocando-as em uma posição ativa de quem busca conduzir a sua vida e as suas práticas sociais, segundo os novos significados produzidos e não mais seguindo as convenções sociais e normativas do discurso teológico tradicional. Essa perspectiva nos aproxima do que Giddens nomeia de "projeto reflexivo do eu", que se sustenta pela narrativa da identidade e que se torna "passível de revisão, por meio de uma reorganização psíquica". De acordo com esse autor, o eu alterado no contexto de modernidade é "parte de um processo reflexivo que busca conectar mudança pessoal e social" (GIDDENS, 2002, 37).

Observa-se, ainda, no processo formativo de Lídia, que o contato com a teologia, refletida na perspectiva das experiências das mulheres, tornou-se significativo para o engendramento de sua subjetividade. De igual maneira, para outras docentes, o contato com a Teologia Feminista tornou-se uma ferramenta crítica para desnaturalizar as ideologias de gênero dos discursos tradicionais e androcêntricos⁸ e para a produção de si, no sentido de uma afirmação positiva da diferença que desqualificava as mulheres. Isto é, trata-se de um novo modo de vida, fundado em novos valores, em que a própria vida, no sentido foucaultiano, torna-se o ponto de partida para o exercício da estética da existência, em oposição aos poderes hegemônicos que as constituiu; um exercício de resistência que é lugar de confluência da ética, da política e da estética

---

⁷ Em Giddens (2002), *a apropriação reflexiva do conhecimento*, junto com outros elementos, como a separação entre tempo e espaço, o desenvolvimento do mecanismo de desencaixe, são os elementos que dinamizam a sociedade moderna e visibilizam o processo de transformação social e a mudança do comportamento humano diante das instituições.

⁸ As docentes revelaram que, diante dos discursos tradicionais, elas assumem a metodologia feminista do "estranhamento" ou "suspeita" e procuram ver em que experiência humana e de fé tal discurso se sustenta. Se for algo puramente abstrato, sem fundamento explicativo e sem base na experiência humana, acabam ignorando.

(BRANCO, 2008). Ou seja, é um discurso que produz um efeito contragenealógico de ressignificação da subjetividade feminina ou, nos termos de Teresa de Lauretis (1994), é um discurso que se institui como uma tecnologia de gênero com poder de produzir novas subjetividades femininas, não mais conformadas com a norma masculina.

Por fim, pode-se dizer que o contato dessas docentes com a Teologia da Libertação e com as ideias feministas, incorporadas na produção das mulheres, gera o efeito de uma nova compreensão de si, ou uma reinvenção de si, que produz rupturas e deslocamentos no imaginário pessoal e social, especialmente no que tange às questões da moral, da sexualidade e dos modelos de condutas de feminilidade e corporeidades, que antes eram os referenciais normativos para suas vidas (RAGO, 2013).

Os relatos deixam evidente que o contato com Teologia da Libertação foi um dispositivo de poder que possibilitou às mulheres docentes, com mais de 40 anos, ressignificar, em suas vidas, os efeitos do poder dos discursos teológicos tradicionais. Já a geração mais jovem de docentes enfatiza a importância da teologia produzida na "perspectiva da mulher" ou da Teologia Feminista. Isto é, a teologia elaborada a partir das abordagens da crítica feminista e dos estudos de gênero[9], produzidas pelas docentes "mais velhas", agora exercem efeitos positivos na subjetivação da geração de mulheres mais jovens. Essa constatação nos leva a corroborar com Foucault (1999c) de que os discursos não são apenas uma justaposição de frases, com sentidos em si mesmos, mas dispositivos de poder ou práticas discursivas que exercem poder sobre as subjetividades. No sentido de Teresa de Lauretis (1994), eles podem ser considerados tecnologias de gênero porque produzem efeitos, tanto positivos quanto negati-

---

[9] Conforme mencionamos no capítulo seis, essas mulheres teólogas partiram dos pressupostos da Teologia da Libertação e da crítica a essa teologia, de modo que vão incorporar, no seu fazer teológico, as experiências das mulheres e os pressupostos dos estudos feministas. Para que essa produção fosse possível, elas alegaram buscar espaços alternativos, fora do controle do poder dos "guardiões da episteme".

vos, nas subjetividades femininas. Daí a importância da ressignificação das imagens simbólicas que historicamente produziram o feminino como um ser de segunda categoria.

O processo de resignação das subjetividades femininas aparece como uma produção nunca acabada, sempre em processo de um vir a ser, que é, ao mesmo tempo, real, imaginativo e utópico. Desse modo, nas entrelinhas do fragmento da narrativa de Hulda pode-se ler que a teologia, como campo de ação profissional, é para essas mulheres uma possibilidade de si e de agenciamento feminino; um processo, cujas escolhas se concretizam por meio da interação com as circunstâncias socioeclesiais; uma obra que é moldada em meio a contradições, tensões e conflitos com os códigos normativos de gênero; um projeto que está sempre em processo e que requer paixão, estratégias políticas e esperança utópica, porque sempre se faz necessário superar dinâmicas de poder que limitam as possibilidades de agência para as mulheres.

> Bom, eu acho que a teologia faz parte das minhas escolhas de vida e do que a vida escolheu de mim. Quer dizer, uma parte escolheu e outra parte me levou a escolher, me colocou em situação que eu não tinha outra saída senão entrar por aí. Eu acho que é uma questão de não trair a mim mesma, de não trair o amor que vive em mim, de não trair o espírito que me habita. Agora, se isso vai ter repercussão não sei, mas para mim... Eu tenho prazer de fazer o que eu faço. Então, não é uma dureza, tem bordoadas sim, mas tem prazeres também. De repente eu escuto alguém aqui que diz assim: "Ah, que bom! Você põe palavras no que a gente sente". Um *e-mail*: "Ai, que maravilha, obrigada"; ou alguém... Não estou esperando que muita gente leia o meu livro, mas alguém leu, e disse: "Adorei o teu livro!" Então, são pontinhos de luz que diz para você: "Vá adiante"... Faz escuro, mas eu canto! (*Hulda*, 64 anos).

A experiência de Hulda sintetiza os processos da produção da subjetividade de outras docentes, no universo da teologia. É uma agência que já tem uma história presente, mas que continua sendo (re)modelada e que requer uma imaginação criativa, porque é sempre um devir, um "ir adiante, mesmo que esteja escuro".

CONSIDERAÇÕES FINAIS

O conjunto desta obra evidenciou que a produção do saber teológico tradicional tem sido fortemente estruturada por discursos, representações de gênero e práticas institucionais de uma ordem simbólica androcêntrica. Dinâmica que, ao longo da história, produziu a legitimidade do sujeito masculino nos espaços de liderança e de produção do saber e a inferioridade e desqualificação das mulheres, privando-as do seu protagonismo, como sujeitos femininos de saber. O gênero, nesse sentido, vai além das atribuições de masculinidade e feminilidade. Ele também se codificou nas práticas institucionais, nas subjetividades e nos discursos teológicos, ou seja, ele aparece como um princípio estruturador de práticas, crenças, valores e saberes, de modo que as representações simbólicas do discurso teológico tradicional funcionaram como uma *tecnologia social de gênero*, que produziu implicações concretas, tanto sociais quanto subjetivas, na vida das mulheres. Isto é, faz parte de um projeto colonizador que produziu sujeitos inferiores, silenciados e desautorizados no sentido epistêmico, e outros legítimos para o campo dos saberes.

A consciência das dinâmicas de poder inscritas nos discursos masculinos aparece como um fator que tornou possível a emergência da Teologia Feminista. Essa teologia pode ser considerada uma voz insurgente que se opõe aos efeitos do poder dos discursos androcêntricos, que haviam produzido a mulher como o "outro", inferior e desqualificado para as instâncias eclesiais. Trata-se de uma teologia crítica, que denuncia a suposta neutralidade, universalidade e objetividade dos discursos teológicos tradicionais, mostrando que a posição social dos sujeitos, na estrutura das relações de poder, pautada em uma cultura patriarcal, interferiram nos sentidos produzidos. Nesse caso, sendo os homens, em geral clérigos, os sujeitos do saber teológico se privilegiaram de valores, crenças e interesses da lógica de gênero do sistema simbólico masculino.

Foi pelas "margens" do poder e interagindo com ele, que algumas teólogas criaram espaços estratégicos para partilharem as suas experiências e produzirem reflexão teológica. Esses "outros lugares" funcionaram como espaços de autoconsciência sobre a situação comum de discriminação e de invisibilidade eclesial e como lugares de produção de estratégias de resistência e de autoafirmação de si. A autoconsciência tornou-se uma experiência pessoal e social e um caminho para produção de um discurso alternativo, em cujo processo as mulheres também se constituíam sujeitos éticos. Isso porque esse pensamento pode ser compreendido como resultado de processos de resistência, de reflexividade e de atos de liberdade. Pode-se afirmar que essas teólogas participam de uma rede de saberes feministas que refutam a neutralidade epistemológica dos saberes masculinos, que apontam a necessidade do reconhecimento de outros saberes e da importância de compreendê-los como localizados e parciais, bem como a importância de romper com o postulado de silêncio.

Ao incorporarem a perspectiva de gênero e as abordagens da crítica do feminismo da diferença e da igualdade como ferramentas epistemológicas do seu fazer teológico, elas trouxeram para dentro desse pensamento o foco das experiências situadas das mulheres, como um elemento metodológico importante para a produção de um conhecimento narrativo e situado. Embora elas tenham produzido um saber, de certa forma acoplado às bases epistemológicas e simbólicas do saber dominante, ele se distancia dos discursos que, em geral, eram produzidos em bases universalistas, abstratas. Ou seja, o seu fazer teológico aparece como um esforço de afastamento dos efeitos de um discurso que as havia constituído indivíduos inferiores e desqualificados para atividades intelectuais.

A teologia em "perspectiva da mulher", que depois se chamou Teologia Feminista, representa a "insurreição" das vozes femininas, historicamente silenciadas, que, em meio às tensões, começaram a ecoar no universo teológico. Vozes que, desde "as margens" do poder, questionam os padrões androcêntricos da produção do saber; ressignificam a dimensão simbólica desse pensamento; visibilizam o poder de ação das mulheres e as tornam protagonistas da reinvenção de si mesmas ou de uma subjetividade feminina não mais desqualificada, mas com capacidade racional de ação. Trata-se da afirmação positiva do sujeito "Mulher" que, agora, pode falar, pensar, escrever, porque tem algo a dizer para a teologia. Um sujeito feminino que produz um novo conhecimento que, embora nem sempre reconhecido e incorporado nas estruturas acadêmicas, provoca tensões e rachaduras que desestabilizam a lógica de gênero da ordem simbólica masculina. Isto é, promove deslocamentos subjetivos, em uma espécie de nomadismo, na vida concreta dessas teólogas/docentes e para o conjunto das mulheres que acessam esse saber. No sentido de Teresa de Lauretis, esse saber se constitui como uma tecnologia de gênero, porque possibilita a construção de novas subjetividades femininas, que se afastam dos códigos normativos e simbólicos do catolicismo tradicional, em que as próprias mulheres haviam se aprisionado.

Por meio da ação de produzir saberes, em uma estrutura hierárquica e masculina, as docentes aparecem como sujeitos de enunciação e de produção de novos significados. Ou conforme argumenta a feminista negra Djamila Ribeiro: "Os saberes produzidos por indivíduos de grupos historicamente discriminados, para além de serem contradiscursos importantes, são lugares de potência e configuração do mundo por outros olhares e geografias". Isso nos leva a pensar que o "revolucionário" não se encontra só nos grandes processos de transformação social que se concretizam no tempo e no espaço, mas também na produção de novos significados ou nas pequenas mudanças que ocorrem nas microrrelações sociais, que são tecidas no cotidiano da vida, como um modo novo de viver, de se produzir e de se reconhecer sujeito.

Convém ressaltar que o resultado deste trabalho é parte de uma compreensão, entre tantas possíveis, uma vez que esta construção se deu a partir do lugar hermenêutico da pesquisadora, ou seja, de um lugar social e teórico, que tornou possível uma determinada compreensão e interpretação do fenômeno de emergência das mulheres como sujeitos de enunciação, no campo do saber teológico. Por isso, estamos conscientes de que este estudo é parcial e situado, e não se fecha aqui, cujos dados podem ser passíveis de questionamentos, já que a hermenêutica permite novas interpretações possíveis, por meio de outros olhares, de outras perguntas, ou mesmo pela utilização de outros referenciais teórico-analíticos.

É nosso papel, como cientistas sociais, não reproduzir somente os paradigmas já consagrados que deram conta de fenômenos sociais em contextos específicos e que hoje nem sempre podem traduzir a realidade sociocultural. É preciso assumir a ousadia em refletir a partir de novas perspectivas epistemológicas que contribuem para o conhecimento e para a compreensão do mundo plural e das relações complexas que se estabelecem entre os indivíduos.

Nesse estudo, damos ênfase ao sujeito, nesse caso as mulheres que acessaram o campo do saber teológico e criaram estratégias epistemológicas e políticas para ressignificar saberes e produzir novos efeitos nas subjetividades femininas. Isso nos faz compreender que estamos diante de um sujeito – Mulher – que não é somente produto das instituições sociais e das relações de poder, mas que também, em meio às próprias contradições e tensões, constitui-se em sujeito reflexivo e de ação racional, transformando-se subjetivamente na medida em que ressignifica o projeto simbólico dos discursos dominantes.

O fazer teológico das mulheres, pautado nas experiências situadas, de um grupo social historicamente ausente nos campos de saberes, configura-se como uma ação de resistência ativa em relação a uma determinada hegemonia social, cultural, política. Sua produção pode ser considerada um pensamento político, no sentido de possibilitar a mudança na cadeia de repetições de normas e de modelos socialmente inteligíveis em relação ao gênero e a outros marcadores sociais, como raça, sexualidade, cultura...

Na ação de produzir um saber insurgente, essas mulheres se constituem como sujeitos não dos grandes acontecimentos históricos, mas um sujeito individual e coletivo, por se conectar pela memória comum de uma experiência de discriminação no passado e pelo imaginário utópico que mobiliza as energias do presente, na esperança de um futuro melhor para o conjunto das mulheres. Isso porque ainda convivemos em um mundo onde os resquícios do poder patriarcal continua operando para silenciar a voz das mulheres e desautorizar a sua ação, como evidenciamos nesta obra, baseada em narrativas de mulheres docentes na teologia.

Trata-se de um sistema que produz mecanismos de poder e de gênero, que parece se perpetuar também para dentro das instituições teológicas. Talvez a luta dessas mulheres pelo agenciamento ético de si, no sentido de uma afirmação positiva da subjetividade feminina, pelo reconhecimento profissional e pela produção de novas simbologias e significados, como uma maneira de modificar o imaginário coletivo, nos faça acreditar que "a transformação do mundo começa com a transformação de nossas mentes e a renovação de nossas mentes começa com a transformação das imagens que introduzimos nelas, isto é, as imagens que penduramos em nossas paredes e as que levamos em nosso coração" (Ward L. Kaiser).

Oxalá que a mudança de mentalidade também produza um processo de transformação nas estruturas hierárquicas e injustas, que ainda geram discriminação social de gênero, raça, classe e cultura em diferentes esferas da vida social.

REFERÊNCIAS

ADELMAN, Miriam. *A voz e a escuta. Encontros e desencontros entre a teoria feminista e a sociologia contemporânea*. São Paulo: Blucher, 2009.
AQUINO, Maria Pilar. *A teologia, a Igreja e a mulher na América Latina*. São Paulo: Paulinas, 1997.
AQUINO, Tomás. Questão 92 – Da produção das mulheres. In: _____. *Suma Teológica*. Porto Alegre: Escola Superior de Teologia São Lourenço de Brindes, ²1980, artigo I. (Coleção v. 2).
AZCUY, Virginia R.; MAZZINI, M. Marcela; RAIMOND, Nancy V. (org.). *Antologia de textos de autoras en América Latina, Caribe y Estados Unidos*. Buenos Aires: San Pablo, 2008. 624 p. (Coleção Mujeres haciendo teologías 2).
BACH, Ana María. *Las voces de la experiencia. El viraje de la filosofía feminista*. Buenos Aires: Biblos, 2010.
BEAUVOIR, Simone de. *O segundo sexo. Fatos e mitos*. São Paulo: Círculo do Livro, 1949, v. 1.
BOURDIEU, Pierre. *A dominação masculina*. Rio de Janeiro: Bertrand Brasil, 1999.
BOURDIEU, Pierre; WACQUANT, Loic. *Una invitación a la sociología reflexiva*. Buenos Aires: Siglo Veintiuno Editores, Argentino, 2005.
BRAIDOTTI, Rosi. Diferencia sexual, incardinamiento y devenir. *MORA – Revista del Instituto interdisciplinario de Estudios de Género*, Facultad de Filosofía y Letras, Buenos Aires, n. 5 (1999), 8-19.

_____. *Feminismo, diferencia sexual y subjetividad nómade*. Barcelona: Editorial Gedisa, 2004.
BRANCHER, Mercedes. Em Maria de Nazaré Deus se manifesta. In: BRANCHER, Mercedes; DOMENZI, Maria Cecilia (org.). *Maria entre as mulheres. Perspectiva de uma Mariologia feminista libertadora*. São Leopoldo: CEBI/Paulus, 2009, 55-74.
BRANCO, Guilherme Castelo. Estética da existência, resistência ao poder. *Revista Exagiun*, v. 1, abr. 2008. Disponível em: <http://www.revistaexagium.com.br/edicoes/edicao%201/gbranco.pdf>. Acesso em: 7 jan. 2013.
BRUNELLI, Delir. Teologia e Gênero. In: SUZIN, Luiz Carlos (org.). *Sarça ardente. Teologia na América Latina: Prospectivas*. São Paulo: Paulinas, 2000, 209-221.
BUTLER, Judith. *Problemas de gênero. Feminismo e subversão da identidade*. Rio de Janeiro: Civilização Brasileira, 2003.
_____. Corpos que pesam. Sobre os limites discursivos do "sexo". In: LOURO, Guacira Lopes (org.). *O corpo educado. Pedagogias da sexualidade*. Belo Horizonte: Autêntica, ²2007, 151-172.
_____. *Dar cuenta de si mesmo. Violencia ética y responsabilidad*. Buenos Aires: Mutaciones, 2009a.
_____. Cambio del sujeto. La política de la resignificación radical de Judith Butler. In: CASALE, Roland; CHIACHIO, Cecília (org.). *Máscaras del deseo. Una lectura del deseo en Judith Butler*. Buenos Aires: Catálogos, 2009b, 65-111. Entrevista concedida a Gary A. Olson e Lynn Worshan, ¹2000.
CARO, Olga Consuelo Vélez. A mulher em documentos eclesiais. *Revista Eclesiástica Brasileira*, Petrópolis, fasc. 252, 883-896, out. 2003.
CASTAÑEDA SALGADO, Martha Patricia. Etnografía Feminista. In: GRAF, Norma Blazquez; PALÁCIOS, Fátima, F.; EVERARDO, Maribel R. *Investigación Feminista. Epistemología, metodología y representaciones sociales*. México: UNAM, 2010, 217-238.
CAVALIERI, Edebrande. A teologia existencialista de Bultmann como expressão do pensamento moderno. In: HIGUET, Etiene A. (org.). *Teologia e modernidade*. São Paulo: Fonte Editorial, 2005, 102-136.
CHASSOT, Atico. *A ciência é masculina?* São Leopoldo: Unisinos, ⁴2009.
COLLINS, Patricia Hill. *Pensamento feminista negro. Conhecimento, consciência e a política do empoderamento*. São Paulo: Boitempo Editorial, 2019.
COMBLIN, José. Perspectiva de uma teologia feminina. In: SOTER (org.). *Gênero e teologia. Interpretações e perspectivas*. São Paulo: Loyola, 2003, 295-303.
COSTA, Claudia Lima. O sujeito do Feminismo. Revisitando os debates. *Cadernos Pagu*, n. 19 (2002), 59-90.
DALY, Mary. *The Church and the second sex*. Londres: Harper Books, 1985.
_____. *Beyond God the Father*. Londres: The Women Press, 1993.
DEIFELT, Wanda. Temas e metodologias da teologia feminista. In: SOTER (org.). *Gênero e teologia. Interpretações e perspectivas*. São Paulo: Loyola, 2003, 171-186.
ELIAS, Norbert. *Introdução à sociologia*. Lisboa: Edições 70, 1980.
_____. *A sociedade de corte. Investigação sobre a sociologia da realeza e da aristocracia de corte*. Rio de Janeiro: Jorge Zahar, 2001.
FELSKI, Rita. *The gender of modernity*. Londres: Harvard University Press Cambridge, 1995.
_____. La doxa de la diferencia. *MORA — Revista del Instituto interdisciplinario de estudios de género*, Facultad de Filosofía y Letras, Buenos Aires, n. 5 (1999), 33-52.
FIORENZA, Elisabeth Schüssler. *Discipulado de iguais. Uma ekklesia-logia feminista crítica da libertação*. Petrópolis: Vozes, 1995.
_____. *Cristología feminista crítica. Jesus, hijo de Mirian, profeta de la sabiduría*. Madrid: Trota, 2000.
_____. Deus (G*d)* trabalha em meio a nós. De uma política de identidade para uma política de luta. *REVER – Revista de Estudos da Religião*, São Paulo, ano 2, n. 1 (2002), 56-77.
_____. Mariologia, ideologia de gênero e o discipulado de iguais. In: BRANCHER, Mercedes; DOMENZI, Maria Cecília (org.). *Maria entre as mulheres. Perspectiva de uma mariologia feminista libertadora*. São Leopoldo: CEBI/Paulus, 2009, 27-54.
FOUCAULT, Michel. *Microfísica do poder*. Rio de Janeiro: Graal, ¹⁴1999a.

_____. *História da sexualidade. Vontade de saber*. São Paulo: Graal, ¹³1999b.
_____. *A ordem do discurso*. São Paulo: Loyola, ⁵1999c.
_____. *A hermenêutica do sujeito*. São Paulo: Martins Fontes, 2004.
_____. *História da sexualidade. O uso dos prazeres*. São Paulo: Graal, ¹²2007a.
_____. *História da sexualidade. O cuidado de si*. São Paulo: Graal, ⁹2007b.
FREITAS, Carmelita. Gênero/Teologia Feminista. Interpelações e perspectivas para a teologia. In: SOTER (org.). *Gênero e teologia. Interpretações e perspectivas*. São Paulo: Loyola, 2003, 13-33.
FRIEDMAN, Susan S. Beyond white and other. Relationality and narratives of race in feminist discourse. *Signs. Journal of Women in Culture and Society*, Chicago, The University of Chicago Press, 21 (1), 1-49. Autumn, 1995.
FURLIN, Neiva. A produção do feminino. Representações de gênero no discurso da teologia católica tradicional. *Estudos de Sociologia* (UFPE), v. 2 (2016), n. 22, 145-196.
_____. *Relações de gênero, subjetividades e docência feminina. Um estudo a partir do universo do ensino superior em teologia católica*. Tese (Doutorado em Sociologia) – Setor de Ciências Humanas Letras e Artes, Universidade Federal do Paraná, Curitiba, 2014.
_____. Teologia Feminista. Uma voz que emerge nas margens do discurso teológico hegemônico. *REVER – Revista de Estudos da Religião*, São Paulo, ano 11, n. 1, 139-164, jan./jun. 2011b.
GEBARA, Ivone. Mulheres femininas e feministas fazendo teologia. *Contexto Pastoral*, Rio de Janeiro, CEDI, ano 3, n. 1, 6-7, maio/jun. 1993.
_____. Os limites da teologia e da filosofia feminista. In: SOTER (org.). *Gênero e teologia. Interpretações e perspectivas*. São Paulo: Loyola, 2003, 153-170.
_____. Teología de la liberación y género. Ensayo crítico feminista. In: MARCOS, Sylvia. *Religión y género*. Madrid: Trota, 2004, 107-136.
_____. Teologia Feminista e a crítica da razão religiosa patriarcal. Entrevista com Ivone Gebara. *Revista de Estudos Feministas*. Florianópolis, vol. 14 (1), 294-304, jan./abr. 2006a. (Entrevista concedida a Maria José Rosado-Nunes).
_____. Pensar a rebeldia cristã a partir das relações de gênero. In: SOUZA, Sandra Duarte de. *Gênero e religião no Brasil. Ensaios feministas*. São Paulo: Umesp, 2006b, 135-146.
_____. *Compartir los panes y los peces. Cristianismo, teología y teología feminista*. Montevidéu: Doble Clic-Editoras, 2008.
_____. Precisamos rever a luta pelo Estado Laico e o papel das religiões. Entrevista ao jornal *Brasil de Fato* de Pernambuco, 18 jul. 2019. Disponível em: <https://www.brasildefato.com.br/>. Acesso em 21 dez. 2019.
GÊNESIS. In: *BÍBLIA Sagrada*. Edição Pastoral. Trad.: Ivo Storniolo e Euclides Martins Balancin. São Paulo: Paulus, 1990, 14-64.
GIDDENS, Anthony. *Modernidade e identidade*. Rio de Janeiro: Jorge Zahar Editor, 2002.
GRAF, Norma Blazquez. Epistemología Feminista. Temas centrales. In: GRAF, Norma Blazquez; PALACIOS. Fátima Flores; EVERALDO, Maribel Ríos (coord.) *Investigación feminista. Epistemología, metodología y representaciones sociales*. Cidade do México: UNAM/CEIICH, 2010, 21-38.
_____. *El retorno de las brujas. Incorporación, aportaciones y crítica de las mujeres a la ciencia*. Cidade do México: UNAM/CEIICH, 2011.
HALL, Stuart. Quem precisa de identidade? In: SILVA, Tomaz Tadeu da. *Identidade e diferença. A perspectiva dos estudos culturais*, Petrópolis: Vozes, ¹³2013, 103-133.
HARAWAY, Donna J. *Ciencia, cyborgs y mujeres. La reinvención de la naturaleza*. Madrid: Cátedra/Universidad de Valencia-Ins de la Mujer, 1995.
HARDING, Sandra. *Ciencia y feminismo*. Madrid: Ediciones Morata, 1996.
HÄRING, Bernhard C. S. S. R. *A Lei de Cristo. Teologia Moral para Sacerdotes e Leigos*. São Paulo: Herder, 1960 (tomo I, Teologia Moral Geral).
HÉRITIER, Françoise. *Masculino feminino. O pensamento da diferença*. Lisboa: Instituto Piaget, 1996.
HIGUET, Etiene A. (org.). Teologia e modernidade. Introdução geral. In: _____. *Teologia e modernidade*. São Paulo: Fonte Editorial, 2005, 9-31.

HITA, Maria Gabriela. Igualdade, identidade e diferença(s). Feminismo na reinvenção de sujeitos. In: BUARQUE, Heloísa de Almeida et al. (org.). *Gênero em Matizes*. São Paulo: EDUSF, 2002, 319-351.
HOORNAERT, Eduardo. *O movimento de Jesus*. São Paulo: FTD, 1991.
IRIGARAY, Luce. *Ética de la diferencia sexual*. Vilaboa: Ellago Ensayo, 2010.
JAPIASSU, Hilton. Porque a ciência já nasceu machista? In: _____. *Ciências. Questões impertinentes*. Aparecida: Ideias e Letras, 2011, 17-50.
KLEIN, Carlos J. A teologia liberal e a modernidade. In: HIGUET, Etiene A. (org.). *Teologia e modernidade*. São Paulo: Fonte Editorial, 2005, 32-60.
LAGARDE, Marcela. *Los cautiverios de las mujeres. Madresposas, monjas, putas, presas y locas*. Cidade do México: Universidad Nacional Autónoma de México, ⁵2011.
LAURETIS, Teresa de. Semiótica y experiencia. In:_____. *Alicia ya no. Feminismo, semiótica, cine*. Madrid: Ediciones Cátedra, 1984, 251-294.
LAURETIS, Teresa de. A tecnologia de gênero. In: HOLANDA, Heloísa Buarque de (org.). *Tendências e impasses. O feminismo como crítica da cultura*. Rio de Janeiro: Rocco, 1994, 206-242.
_____. Genealogías feministas. Un itinerario personal. In: _____. *Diferencias. Etapas de un camino a través del feminismo*. Madrid. Horas y Horas la Editorial, 2000a, 7-31.
_____. La tecnología del género. In: _____. *Diferencias. Etapas de un camino a través del feminismo*. Madrid. Horas y Horas la Editorial, 2000b, 33-69.
LERNER, Gerda. *The Creation of Feminist Consciousness*. From the Middle Ages to Eighteen-seventy. Oxford: Oxford University Press, 1993.
LEVÍTICO. In: *BÍBLIA Sagrada*. Edição Pastoral. Trad.: de Ivo Storniolo e Euclides Martins Balancin. São Paulo: Paulus, 1990, 110-140.
LIBANIO, João B.; MURAD, Afonso. *Introdução à teologia. Perfil, enfoques, tarefas*. São Paulo: Loyola, ⁸2011 (edição revista e ampliada).
LLANOS, Gabriela Castellano. *Sexo, género y feminismos. Tres categorías en Pugna*. Cali: Universidad del Vale, 2006.
_____. *Decidimos, hacemos, somos. Discurso identidades de género y sexualidades*. Cali: Universidad del Vale, 2010.
MANNHEIM, Karl. A sociologia do conhecimento. In: _____. *Ideologia e utopia. Introdução à sociologia do conhecimento*. São Paulo: Globo, 1976, 245-289.
MARTINS, Jaziel Guerreiro. Teologia Feminista e modernidade. In: HIGUET, Etiene A. (org.). *Teologia e modernidade*. São Paulo: Fonte Editorial, 2005, 201-251.
MISKOLCI, Richard. A teoria *queer* e a sociologia. O desafio de uma analítica da normalização. *Sociologias*, Porto Alegre, ano 11, n. 21, 150-182, jan./jun. 2009.
MOUFFE, Chantal. Feminismo, cidadania e política democrática radical. *Debate Feminista*. São Paulo: Cia. Melhoramentos, Edição Especial (Cidadania e Feminismo), 29-47, 1999.
MURARO, Rose Maria. Prefácio. In: RANKE-HEINEMANN, Uta. *Eunucos pelo Reino de Deus. Mulheres, sexualidade e a Igreja católica*. Rio de Janeiro: Rosa dos Tempos, ³1996, 7-15.
MUSSKOPF, André Sidnei. Além do arco-íris. Corpo e corporeidade a partir de 1 Co. 12.12-27 com acercamentos do ponto de vista da Teologia Gay. In: CEBI/EST. *À flor da pele*. São Leopoldo: Sinodal, 2004, 139-167.
NICHOLSON, Linda. Interpretando o gênero. *Revista de Estudos Feministas*, Florianópolis, CFH/CCE, UFSC, v. 8, n. 2 (2000), 9-41.
OLIVEIRA, Elizabete C. P. de. *Teologia Feminista e poder*. In: ENCONTRO DE PADRES CASADOS DO BRASIL, 5, Salvador, 2006, 1-8. Disponível em: <http://www.oraetlabora.com.br/mpc/teologia_feminista_e_poder.htm#_ftnref9>. Acesso em: 10 jun. 2013.
PAZ, Octavio. *Sóror Juana Inés de La Cruz. As armadilhas da fé*. São Paulo: Mandarim, 1998.
RAGO, Margareth. *A aventura de contar-se. Feminismos, escrita de si e invenções da subjetividade*. Campinas: Unicamp, 2013.
RANKE-HEINEMANN, Uta. *Eunucos pelo Reino de Deus. Mulheres, sexualidade e a Igreja católica*. Rio de Janeiro: Rosa dos Tempos, ³1996.
RESS, Mary Judith. Reflexiones sobre el ecofeminismo en América Latina. In: MARCOS, Sylvia. *Religión y género*. Madrid: Trota, 2004, 153-177.

RIBEIRO, Djamila. *Lugar de fala*. São Paulo: Pólen Editorial, 2019 (Coleção Feminismos Plurais).
ROHDEN, Fabíola. *Feminismo do sagrado. O dilema igualdade/diferença na perspectiva de teólogas católicas*. 1995. 199 f. Dissertação de Mestrado do Programa de Pós-Graduação em Antropologia Social do Museu Nacional, Universidade Federal do Rio de Janeiro. Rio de Janeiro, 1995.
_____. Feminismo do sagrado. Uma reencenação romântica da diferença. *Estudos Feministas*, n. 1 (1996), 96-117.
ROSADO, Maria José. De mulheres e de deuses. *Estudos Feministas*, Rio de Janeiro, CIEC/ECO/UFRJ, v. 0, n. 0 (1992), 5-30.
_____. O impacto do feminismo sobre o estudo das religiões. *Cadernos Pagu*, Campinas: Unicamp, n. 16 (2001), 79-96.
RUBIN, Gayle. *O tráfico de mulheres. Notas sobre a "economia política" do sexo*. Pernambuco: SOS Corpo, 1993.
RUETHER, Rosemary R. *Sexism and God talk*. Londres: SCM, 1983.
_____. *Sexismo e religião. Rumo a uma teologia feminista*. São Leopoldo: Sinodal, 1993.
SALLES, Walter F. Antropologia, lugar de toda a teologia. In: HIGUET, Etiene A. (org.). *Teologia e Modernidade*. São Paulo: Fonte Editorial, 2005, 137-165.
SAMPAIO, Tânia M. V. Horizontes em discussão na arte de fazer teologia. In: SOTER (org.). *Gênero e teologia. Interpretações e perspectivas*. São Paulo: Loyola, 2003, 187-202.
SANTOS, Boaventura de Sousa. *A crítica da razão indolente. Contra o desperdício da experiência*. São Paulo: Cortez, 2000, 47-117.
SARANYANA, Josep-Ignasi. *Historia de la filosofía medieval*. Pamplona: EUNSA, ³1999.
SCHERZBERG, Lúcia. *Pecado e graça na Teologia Feminista*. Petrópolis: Vozes, 1997.
SCHIENBINGER, Londa. *O feminismo mudou a ciência?* Bauru: EDUSC, 2001.
SCOTT, Joan W. Gênero. Uma categoria útil de análise histórica. *Revista Educação e Realidade*. Porto Alegre: UFRGS, v. 16, n. 2, 5-22, jul./dez. 1990.
SPIVAK, Gayatri C. *Interview with Angela McRobbie*. Block (10), 5-9, 1985.
_____. *Pode o subalterno falar?* Belo Horizonte: UFMG, 2010.
SHOWALTER, Elaine. A crítica feminista no território selvagem. In: HOLLANDA, Heloísa Buarque de (org.). *Tendências e impasses. O feminismo como crítica da cultura*. Rio de Janeiro: Rocco, 1994, 23-57.
STOCKER, Monika Maria. *Teresa de Lisieux 1873-1897. A aventura de um grande amor*. São Paulo: Musa Editora, 2000.
STRÖHER, Marga J. A História de uma história. O protagonismo das mulheres na teologia feminista. *História Unisinos*, v. 9, n. 2, 116-123, maio/ago. 2005.
SUAIDEN, Silvana. Questões contemporâneas para a teologia. Provocações sob a ótica de gênero. In: SOTER (org.). *Gênero e Teologia. Interpretações e perspectivas*. São Paulo: Loyola, 2003.
SUSIN, Luiz Carlos. O estatuto epistemológico da teologia como ciência da fé e a sua responsabilidade pública no âmbito das ciências e da sociedade pluralista. *Revista Trimestral/Teocomunicação*, Porto Alegre, v. 36, n. 153, 555-563, set. 2006.
TAMEZ, Elza. *As mulheres tomam a palavra*. São Paulo: Loyola, 1995.
TEPEDINO. Ana Maria. A mulher. Aquela que começa a "desconhecer o seu lugar". *Perspectiva Teológica*, Belo Horizonte, ano XVII, n. 43 (1985), 375-379.
_____. La Mujer y la Teología en América Latina. Antecedentes históricos. In: TEPEDINO, Ana Maria; AQUINO, Maria Pilar. *Entre la indignación y la esperanza. Teología Feminista Latinoamericana*. Bogotá: Indo-American Press Service Ltda., 1998, 13-40.

Edições Loyola

editoração impressão acabamento

Rua 1822 nº 341 – Ipiranga
04216-000 São Paulo, SP
T 55 11 3385 8500/8501, 2063 4275
www.loyola.com.br